MITOLOGÍA GRIEGA
PARA NIÑOS

MITOLOGÍA GRIEGA PARA NIÑOS

BONO GRATUITO DE HBA: LOTE DE LIBROS ELECTRÓNICOS

¡Saludos!

En primer lugar, gracias por leer nuestros libros.

Ahora, le invitamos a unirse a nuestra lista VIP. Como regalo de bienvenida, le ofrecemos gratis el lote de libros electrónicos de Historia y Mitología que aparece a continuación. Además, ¡podrá ser el primero en recibir nuevos libros y exclusivas! Recuerde que unirse es 100% gratuito.

Sólo tiene que escanear el código QR para unirse.

https://www.subscribepage.com/hba

TABLA DE CONTENIDOS

INTRODUCCIÓN

Si alguna vez has escuchado hablar de los Juegos Olímpicos, entonces conoces algo de los griegos. ¿Quieres descubrir cuál es la conexión? Aquí la tienes.

Los primeros Juegos Olímpicos de la historia se celebraron en Olimpia, Grecia, hace unos 3.000 años. Los habitantes de esta región, conocidos como griegos, dejaron un legado cultural impresionante que persiste hasta hoy. Grecia sigue siendo un país de belleza excepcional que puedes visitar, y sus habitantes, orgullosos de su herencia, siguen llamándose griegos.

Los mitos que exploraremos en este texto fueron creados por mentes brillantes que vivieron en Grecia hace unos 2. 500 años. Grecia era célebre por su gente sabia y reflexiva, y sus historias nos hablan del origen del mundo, de dioses y diosas, héroes valientes y monstruos aterradores. Estos relatos no solo son fascinantes por su contenido, sino también porque reflejan cómo los griegos percibían el universo que los rodeaba.

Los dioses y diosas griegos se asemejan mucho a los humanos en sus emociones y comportamientos: se enfadaban, eran celosos y a veces actuaban de manera impulsiva. Sin embargo, poseían poderes extraordinarios que los distinguían de los mortales, algo así como nuestros superhéroes modernos.

¿Por qué es importante leer y comprender estas historias que fueron escritas hace miles de años? La razón es simple: estas narraciones son auténticas obras maestras de la literatura. Están repletas de aventuras y emociones, y te ofrecen una lectura cautivadora y entretenida, como pronto descubrirás. A través de estas historias, también podrás conocer cómo las personas que las crearon percibían y entendían el mundo a su alrededor.

Entre estos mitos, encontrarás historias de deidades como Poseidón, el dios del mar, que según las leyendas habita en lo más profundo del océano. La próxima vez que te encuentres frente al mar, mira más allá del horizonte y deja que tu imaginación vuele: tal vez, solo tal vez, Poseidón esté ahí, observándote. Esa es la magia de los mitos: mantienen nuestra mente activa, llena de posibilidades.

¿Por qué crees que imaginaron un dios que gobernaba los océanos? Pensemos un poco: hace miles de años, los griegos no tenían barcos gigantes que cruzaran los océanos con regularidad, ni contaban con el equipo científico necesario para explorar las profundidades marinas. Por lo tanto, los vastos océanos resultaban aterradores, especialmente durante las grandes tormentas. Los griegos creían que existía un dios que provocaba esas tormentas cuando se enfadaba, y lo llamaron Poseidón.

Muchas otras culturas antiguas hicieron lo mismo: tenían dioses para los océanos, los cielos, los vientos, e incluso para el trueno y el relámpago. Ahora bien, vamos a preguntarnos: ¿cómo es que todos estos pueblos, separados por grandes distancias, pensaban de manera similar? Recuerda que hace 2.500 años no había teléfonos, computadoras, televisión... nada. Tampoco aviones. La gente de una cultura no podía simplemente transmitir sus ideas sobre dioses y mitos a otra cultura en otro lugar del mundo. Curioso, ¿verdad?

Todas las culturas importantes tenían sus propios mitos: los nórdicos, los egipcios, los chinos, los indios, y muchos más. Para la gente de la antigüedad, los mitos eran fundamentales. Estas historias narraban las hazañas de dioses poderosos, héroes valientes y monstruos temibles. La diferencia principal radicaba en los nombres que les daban.

¿Por qué eran necesarios los mitos? Ver un rayo en el cielo era una experiencia aterradora. Nadie sabía por qué ocurría ni de dónde venía ese estruendo del trueno que lo acompañaba. Para explicarlo, inventaron un dios del rayo y del trueno. Cuando este dios se enfadaba, provocaba relámpagos y truenos ensordecedores. Esta explicación daba consuelo a la gente: los dioses lo hacían. Si rezaban, estarían a salvo. Hoy entendemos las causas de las tormentas eléctricas, pero por aquel entonces, nadie lo sabía.

Puede que pienses que las culturas antiguas necesitaban héroes como Hércules (a quien conoceremos en este libro). Pero, ¡piénsalo de nuevo! Nosotros también tenemos nuestros propios héroes modernos: Superman, Spiderman, Batman, entre otros. ¡Nosotros también necesitamos héroes! Y hay algo interesante que destacar: la expresión «una tarea hercúlea» sigue utilizándose hoy en día para describir un trabajo que es extremadamente difícil y requiere habilidades sobrehumanas. Como ves, ¡los mitos antiguos siguen vivos incluso miles de años después!

Lo fascinante de los mitos es que hacen volar nuestra imaginación cuando pensamos en las hazañas valientes que realizaron los dioses. Nos despiertan la curiosidad y nos hacen preguntarnos: ¿Realmente sucedieron estas cosas? Esta misma curiosidad es la que llevó a muchos grandes científicos a descubrir e inventar muchas de las cosas maravillosas que hoy utilizamos.

¿Alguna vez has pensado lo útil que sería tener cerca a alguien como Spiderman? Podría salvar vidas y proteger a la gente de todo tipo de peligros. La mayoría de las personas desean algo así en su corazón. Pero sabemos que no es real, ¿verdad? Es un mito moderno, como lo fue Hércules para los griegos. Así que los mitos de héroes siguen creándose. No han desaparecido; solo han cambiado de nombres. Piénsalo. La popularidad de estos personajes ficticios indica que seguimos necesitando mitos, especialmente mitos heroicos.

Los mitos griegos están llenos de acción y aventuras. Incluso los dioses luchan en guerras e invocan monstruos para ayudarles en la batalla.

Comenzaremos con la creación de la Tierra y el cielo, como lo describen los mitos. Sin la Tierra y el cielo, los dioses no tendrían nada que gobernar, y también necesitaban a la humanidad. Existe un mito sobre cómo se crearon los primeros seres humanos y cómo aprendieron a cultivar alimentos y a usar el fuego.

Hay muchos personajes en los mitos griegos, y vamos a explorar a todos los más importantes: los dioses que fueron protagonistas en la imaginación griega.

Es importante entender que diferentes dioses alcanzaron prominencia en diferentes épocas. Algunos fueron despojados de su poder y encarcelados, mientras que otros fueron simplemente expulsados. Cómo ocurrieron todas estas cosas es la esencia de estos mitos e historias.

La historia de la creación de la Tierra es un tema común en mitologías de todo el mundo. Hay diferencias, por supuesto, pero todos los mitos hablan de dioses y diosas que crearon la Tierra y trajeron a la humanidad para vivir en ella. Sin la humanidad, los dioses no tendrían nada, y tú no tendrías ningún mito que leer. Los dioses griegos necesitaban a la humanidad para hablar de ellos y escribir sobre ellos. Al fin y al cabo, fueron ellos quienes crearon a la humanidad y todo lo demás.

Es importante saber que los griegos realmente creían en sus dioses y les ofrecían oraciones y comida para mantenerlos contentos. Ellos pensaban que estos dioses existían desde el inicio de los tiempos y habían creado todo. Hoy en día, la ciencia describe el origen del universo como el *Big Bang,* que surgió de un vacío en el espacio: ¡un agujero negro! Curiosamente, esta idea no está tan lejos de la concepción griega sobre la creación del cosmos. Aunque los griegos no conocían los agujeros negros, sus conjeturas estaban bastante cerca de la realidad.

Ahora, hablemos de los mitos griegos. ¿Quiénes eran los Titanes y qué hicieron? ¿Cuáles fueron los grandes héroes? En la mitología griega, hay muchos héroes valientes y aventureros que emprendían tareas casi imposibles y, por lo general, las lograban. Además, estaban los dioses y diosas, seres divinos que gobernaban los cielos, los océanos, los animales y la vida de los primeros humanos en la Tierra.

CAPÍTULO 1 - LA CREACIÓN DEL MUNDO

Hace muchísimo tiempo, al principio de todo...

Solo existía oscuridad y vacío. El universo aún no había sido creado, y los griegos llamaron a esta oscuridad *Caos* primordial . Era un tiempo anterior a la existencia de cualquier cosa.

De este vacío surgió Gea, la diosa madre, quien representaba el universo en forma divina.

A pesar de la compañía de Urano, Gea se sentía sola, pues en el vasto universo no había nada más que ella y él. Para aliviar su soledad, Gea creó a Urano, el cielo nocturno, y lo hizo tan extenso que cubría todo a su alrededor. Hoy en día, cuando miras al cielo, aún puedes ver el legado de aquella creación. Después, Gea continuó creando las montañas y los mares, pero a pesar de estas nuevas formaciones, seguía sintiéndose sola, salvo por la presencia constante de Urano.

Gea se enamoró de Urano y se casó con él. Tuvieron doce hijos: seis hijas llamadas Tea, Temis, Mnemósine, Febe, Tetis y Rea, y seis hijos varones: Océano, Ceo, Crío, Hiperión, Jápeto y Cronos. Estos hijos fueron conocidos como los Titanes. De ellos, el más joven, Cronos, jugaría un papel crucial en la historia.

Con el tiempo, Gea se dio cuenta de que Urano era un ser cruel que maltrataba a sus hijos. Desesperada por liberarse de él, pidió ayuda a sus hijos e hijas. Consultó a once de ellos, pero todos se negaron a ayudarla por miedo a Urano. Entonces recurrió al más joven, Cronos, quien aceptó la tarea. Cronos destruyó a Urano, pero antes de morir, Urano lanzó una maldición sobre él: «Un día, tu hijo te arrebatará el poder tal como tú me lo has quitado a mí».

Cronos asumió el lugar de Urano y se convirtió en el nuevo soberano. Sin embargo, no era un buen gobernante. Temiendo la maldición que Urano le había lanzado, empezó a tragarse a todos los hijos que su esposa Rea le daba. Creía que así podría evitar que la maldición se cumpliera. Se tragó a cinco de sus hijos antes de que Rea decidiera intervenir para salvar al siguiente bebé, que sabía que era un niño.

Rea acudió a Gea en busca de ayuda para proteger a su sexto hijo. Gea le indicó lo que debía hacer. Cuando nació el niño, Rea lo escondió en una cueva en la isla de Creta, donde fue cuidado por las Ninfas, diosas de la naturaleza, y creció fuerte y saludable. Para engañar a Cronos, Rea envolvió una roca en una tela y se la entregó, haciéndole creer que era su sexto hijo. Cronos, engañado, se tragó la roca sin sospechar.

El bebé, al que Rea llamó Zeus, creció y, cuando fue lo suficientemente mayor, las Ninfas le contaron cómo su padre había devorado a sus cinco hermanos. Enfurecido, Zeus decidió que encontraría a su padre y lo derrotaría.

Zeus buscó la ayuda de Metis, la sabia hija de Océano, quien le proporcionó una poción con instrucciones para administrársela a Cronos. Zeus introdujo la poción en la bebida de Cronos, quien, al beberla, vomitó y liberó a todos los hijos que había devorado, ya adultos y vivos. Zeus reunió a sus hermanos y hermanas—Hera, Poseidón, Hades, Hestia y Deméter—y declaró la guerra a Cronos.

La batalla continuó durante casi 10 años sin ningún resultado real. Ninguna de las partes podía derrotar a la otra. Fue entonces cuando la Madre Tierra, Gea, acudió a Zeus y le reveló que debía buscar la ayuda de los tres Cíclopes y los tres Hecatónquiros, monstruos que ella también había parido. Le contó que Urano, su padre, al ver lo feos que eran, los desterró y los mantuvo encerrados. La Madre Tierra aconsejó a Zeus que los liberara. Zeus se acercó a los monstruos y se dio cuenta de que ellos también odiaban a Cronos. Éste había seguido manteniéndolos encerrados después de arrebatar el poder a Urano, así que aceptaron luchar por Zeus. ¡Eran criaturas terribles con poderes sobrehumanos! Los Cíclopes eran gigantes con poderes mágicos que tenían un ojo en medio de la frente. Fabricaban armas que podían lanzar truenos y relámpagos contra el enemigo, y se las entregaron a Zeus. Los Hecatónquiros también eran gigantes con 100 brazos y 50 cabezas y no se les podía matar fácilmente. La batalla estaba a punto de volverse muy desagradable.

Zeus fue a la guerra contra Cronos con su nuevo ejército y las armas se las dieron los cíclopes. También los monstruos fueron con él y, en poco tiempo, derrotó a Cronos. Zeus envió entonces a Cronos y a los Titanes a un lugar subterráneo llamado Inframundo o Tierra de los Muertos. Allí fueron custodiados por los Hecatónquiros para que nunca pudieran escapar. ¡Zeus era ahora el nuevo soberano!

Los Hijos de los Titanes en la Mitología Griega

Los Hijos de los Titanes

Algunos de los hijos de los Titanes que no fueron encarcelados por Zeus jugaron papeles muy importantes en los asuntos de los humanos.

Mientras que Cronos, su esposa Rea y Zeus son figuras muy conocidas en la mitología griega, los hijos de Jápeto, hermano de Cronos, también desempeñan roles significativos. Estos hijos son Prometeo, Atlas y Epimeteo, sobre los cuales profundizaremos a continuación.

El Origen de la Humanidad

Prometeo y Epimeteo eran hermanos. Cuando estalló la guerra entre Zeus y los Titanes,

Prometeo advirtió a los Titanes que Zeus tenía a los Cíclopes y a los Hecatónquiros de su parte y que los Titanes debían cambiar sus planes de batalla. Los Titanes no escucharon, así que Prometeo y Epimeteo se pasaron al bando de Zeus. Cuando Zeus ganó la guerra, decidió recompensar a Prometeo y Epimeteo por haberle apoyado. Esta decisión, como verás, fue muy importante por muchas razones.

Zeus llamó a Prometeo y le pidió que creara a la humanidad. Prometeo tomó arcilla y agua y dio forma a los humanos. Una diosa llamada Atenea insufló vida a los modelos de arcilla y éstos cobraron vida. Éstos fueron los primeros humanos.

Epimeteo recibió el encargo de hacer los animales, los pájaros y los insectos. Trabajó con cuidado y dotó a cada criatura de un medio de protección. A la tortuga le dio un caparazón duro, a la abeja un aguijón y a la serpiente su veneno. Prometeo, mientras tanto, se dedicó a fabricar seres humanos. Era lento y, cuando por fin terminó, se dio cuenta de que Epimeteo había agotado todos los medios de protección regalándoselos a los animales, pájaros e insectos. No quedaba nada para dar a la humanidad. Prometeo se rascó la cabeza. La humanidad necesitaba alguna forma de protección. Pensó en el fuego. Los dioses tenían fuego, así que si quería dárselo a los humanos, tendría que pedir permiso al soberano, Zeus.

Prometeo acudió a Zeus y le preguntó: «Oh, gran soberano, los humanos necesitan fuego para protegerse y para preparar la comida. Con tu permiso, les daré fuego». Pero Zeus se negó en redondo, diciendo que sólo los dioses tenían derecho al fuego. Esto enfureció a Prometeo. Nunca había perdonado a Zeus la destrucción de los Titanes, pues él mismo era un Titán. Prometeo estaba decidido a dar el fuego a los humanos. «No necesito tu consentimiento Zeus: daré fuego a los humanos», pensó. Fue a la isla de Lemnos y robó fuego de las fraguas de Hefesto (otro dios). Lo llevó hasta la humanidad y se lo dio. El fuego, como todos sabemos, es muy importante. Sin él no se puede cocinar ni encender velas.

Cuando Prometeo llegó con el fuego, la gente se asustó de aquella luz resplandeciente. Prometeo les enseñó entonces qué hacer con él. Les enseñó a cocinar la carne, a fundir el hierro para fabricar armas y a utilizar el fuego para ahuyentar a los animales salvajes. Poco a poco, el pueblo comprendió la importancia de este elemento llamado fuego y empezó a adorarlo.

A Prometeo le gustaban más los humanos que los dioses. Pero por su robo del fuego, Zeus le haría pagar un alto precio.

Una noche, mientras Zeus recorría los cielos como de costumbre, notó varias luces en la Tierra. Al acercarse, se dio cuenta de que eran pequeñas fogatas. ¿Cómo había llegado el fuego hasta allí? Entonces lo comprendió: debía de haber sido obra de Prometeo. A la mañana siguiente, Zeus convocó a Hefesto, el gran maestro del metal. «¡Forja cadenas tan fuertes que nadie pueda romperlas! ¡Deben durar para siempre!», le ordenó Zeus con determinación.

Hefesto preguntó: «¿Y para qué servirán estas cadenas?».

Zeus le respondió. Hefesto se quedó atónito. Pero se fue a hacer las cadenas. No se atrevió a molestar a Zeus.

Zeus hizo encadenar a Prometeo a una roca y envió a un enorme águila para que se alimentara de su hígado. Durante el día, el ave devoraba el hígado de Prometeo, pero por la noche, este volvía a regenerarse. Así, cada día el águila volvía para consumir el hígado nuevamente, manteniendo a Prometeo en un tormento interminable. Sin embargo, a pesar del sufrimiento diario durante unos 30.000 años, Prometeo nunca se rindió. Finalmente, con el permiso de Zeus, Hércules, el famoso héroe griego, liberó a Prometeo y mató a la temible criatura que lo atormentaba.

Ahora conocerás a otro dios griego cuyo nombre te resultará familiar: Atlas. Atlas era un Titán que lideró el ejército de los Titanes. Después de la derrota de los Titanes, Zeus le impuso un castigo especial. Lo envió a los confines de la Tierra y lo condenó a sostener el cielo por toda la eternidad, de modo que el cielo y la Tierra nunca pudieran encontrarse. Aún hoy, permanecen separados. En honor a Atlas, una colección de mapas en formato de libro se llama «Atlas». Como puedes ver, ¡las figuras míticas y su legado siguen presentes entre nosotros!

Zeus construyó su palacio en el Monte Olimpo y se mudó allí. Consideró que el universo era demasiado vasto para que un solo dios lo gobernara, así que decidió que sería necesario un sorteo. Todos los dioses y diosas olímpicos importantes, un total de doce, participaron en el sorteo para determinar quién gobernaría. Veamos quiénes eran.

Entre los dioses estaba Zeus, luego Poseidón, Hefesto, Hermes, Ares y Apolo. Entre las diosas, estaban Hera, Atenea, Artemisa, Hestia, Afrodita y, por último, Deméter. Pronto sabrás quiénes eran todas ellas.

Zeus era el más poderoso, por lo que obtuvo el dominio sobre el Éter, lo que significaba que tenía señorío sobre los cielos.

A Poseidón le correspondió el control de los océanos y a Hades el poder sobre el Inframundo. Éstos eran los dioses principales.

Las diosas también tenían cargos. A Hestia le tocó gobernar sobre el hogar y la casa, a Hera le correspondió el matrimonio y el parto, y Deméter fue nombrada diosa de la cosecha. Es importante comprender que el gobierno de los dioses y diosas se ejercía sobre los asuntos de los humanos, en la Tierra.

Ares fue nombrado dios de la guerra y Hermes era el mensajero. Hefesto fue nombrado dios del fuego y Apolo se convirtió en el dios de la luz y la música. Artemisa se convirtió en la diosa de la caza y Atenea gobernó la sabiduría. Afrodita recibió el poder sobre el amor.

Un día, Dioniso llegó al Monte Olimpo. Como rara vez asistía al Concilio, no tenía un lugar reservado, ya que todos los tronos estaban ocupados. Hestia, la hermana mayor de Zeus, decidió cederle su asiento, ya que deseaba ocuparse del fuego eterno del palacio. Dioniso, que tenía dominio sobre la naturaleza, el vino y la fertilidad, era un dios crucial, especialmente para los humanos, quienes dependían de sus árboles para obtener frutos.

Ahora es hora de contar las historias que narran las maravillosas aventuras de los dioses y diosas, y por supuesto, de los héroes.

CAPÍTULO 2 - LOS TRABAJOS DE HÉRCULES (PARTE 1)

El primer héroe del que hablaré es Hércules, quien tuvo que enfrentar los doce trabajos que le fueron encomendados. Cada uno de estos trabajos era extremadamente difícil, pero para entender por qué se le asignaron tareas tan arduas y peligrosas, es importante conocer el origen de su misión.

Comencemos por el nacimiento de Hércules. Perseo, hijo de Zeus y Dánae, había recibido una profecía de Zeus: el primer descendiente varón de Perseo gobernaría después de él. Sin embargo, Hera, la esposa de Zeus, no quería que el hijo de Perseo llegara al trono. Para evitarlo, manipuló la situación y designó a Euristeo, quien era nieto de Perseo, como gobernante.

Hércules nació poco después, pero nunca llegó a ser rey. Hera continuó obstaculizando a Hércules a través de Euristeo, y fue así como se le encargaron los trabajos más difíciles y problemáticos. A pesar de los desafíos, Hércules demostró estar a la altura de las circunstancias.

Hércules demostró su increíble fuerza desde que era un niño. En una ocasión, dos temibles serpientes entraron en su habitación y atacaron al pequeño héroe. Sin embargo, Hércules, con su impresionante fortaleza, agarró una serpiente con cada mano y les retorció el cuello. Estas serpientes habían sido enviadas por Hera con el propósito de acabar con él.

A medida que Hércules creció, cometió un grave error al dañar a su propia familia. Este trágico incidente también fue obra de Hera, quien había enviado una enfermedad que hizo que Hércules perdiera la razón.

Para castigarlo por su pecado, Euristeo, siguiendo el consejo del Oráculo de Delfos, le impuso doce trabajos. Cada uno de estos trabajos era una aventura en sí mismo, y el cumplimiento de todos ellos era la forma en que Hércules podría obtener el perdón. A continuación, exploraremos en qué consistían estos trabajos y cómo Hércules logró completarlo s con éxito.

El León de Nemea (El Primer Trabajo de Hércules)

El rey Euristeo, quien no tenía una buena relación con Hércules, decidió asignarle una tarea peligrosa como primer desafío. Cuando Hércules llegó a la corte, se mantuvo a la espera, ansioso por conocer cuál sería su primera misión.

Euristeo reflexionó un momento antes de hablar: «Irás a Nemea y matarás al león de Nemea».

«¿Debo traer el león muerto aquí?», preguntó Hércules.

Euristeo se enfadó. «¿Qué voy a hacer con un león muerto? Además, cuando lo traigas, apestará. Solo tráeme su piel. Con eso será suficiente».

Hércules asintió y abandonó la corte, consciente de que nadie había logrado antes matar a aquel león que aterrorizaba la región de Nemea. Sin saber si tendría éxito, se dirigió hacia su misión.

Durante su viaje, llegó a una ciudad llamada Cleonae, donde pasó la noche en la casa de un pobre hombre llamado Molorco. Al enterarse de la misión de Hércules, Molorco se asustó y quiso ofrecer un sacrificio. Hércules le pidió que esperara treinta días. Si volvía victorioso, celebrarían un sacrificio en honor a Zeus.

Hércules se dirigió entonces hacia donde vivía el león. Sabía que no se trataba de un león cualquiera, sino de un animal extremadamente fuerte y feroz que nadie hasta entonces había podido matar. Hércules trató de encontrar al león. ¡Y de repente lo vio! Sacó su arco y sus flechas y empezó a disparar al león. Pero aunque las flechas dieron en el blanco, al león no le pasó nada. Hércules supo que sólo le quedaba una opción. Cogió su garrote y se acercó. El león desapareció en una cueva que Hércules vio que tenía dos entradas. Rápidamente se acercó y bloqueó una de las entradas. Luego entró en la cueva por la otra.

Hércules se enfrentó al león con gran fuerza, rodeando su cuello con sus poderosos brazos y sujetándolo con firmeza. La batalla que se libró fue feroz; el león, en su furia, intentaba destrozar a Hércules. Sin embargo, poco a poco el león fue perdiendo fuerzas y, finalmente, murió. Hércules entonces despojó al león de su piel y regresó a Cleonae, la casa del pobre, donde ofreció un sacrificio a Zeus.

Triunfante, Hércules volvió a Micenas para presentarse ante Euristeo. Llevaba puesto un manto hecho con la piel del león, el cual lo hacía parecer invencible. Al ver a Hércules vestido con la piel del león y su cabeza, el rey se asustó; Hércules parecía un hombre salvaje y peligroso.

En ese momento decidió enviar mensajes a Hércules, en vez de llamarle a la corte.

La Hidra de Lerna (El Segundo Trabajo de Hércules)

Euristeo quería que Hércules fracasara, así que se puso a pensar hasta que tuvo una idea. Rápidamente escribió un mensaje: «Mata a la Hidra de Lerna» y lo envió a Hércules mediante un mensajero. Euristeo sonrió para sí mismo, convencido de que la serpiente acabaría con Hércules. Conocía bien el peligro que representaba la Hidra.

La Hidra de Lerna era una serpiente monstruosa con nueve cabezas. Enorme y aterradora, habitaba en los pantanos de Lerna. ¿Y lo peor? ¡Una de sus cabezas era inmortal! Además, cada vez que una de sus cabezas era cortada, dos nuevas crecían en su lugar, lo que la hacía prácticamente invencible. Este era el desafío que Hércules debía enfrentar. Se decía también que el aliento de la Hidra era tan venenoso que podía matar a cualquiera que se acercara demasiado.

En esta ocasión, Hércules llevó consigo a su sobrino Yolao, un experto auriga. Juntos partieron en busca de la serpiente en un carro. Se dirigieron hacia Lerna, donde llegaron al pantano que servía de guarida a la serpiente. Sin embargo, la criatura estaba oculta en las profundidades del pantano, y Hércules sabía que adentrarse para luchar contra la Hidra sería una mala idea; después de todo, ¡la serpiente estaría en su terreno! Por eso, decidió atraerla fuera del pantano para enfrentarse a ella con mayor ventaja.

Hércules lanzó flechas incendiarias al pantano, provocando que la Hidra emergiera de las aguas turbias para descubrir quién osaba perturbar su guarida. Al ver a la temible criatura, Hércules comprendió que le esperaba una batalla ardua. Empuñó su espada y comenzó a cortar las cabezas de la Hidra, pero cada vez que cercenaba una, ¡dos nuevas crecían en su lugar! Pronto se dio cuenta de que esa estrategia no le llevaría a la victoria. Para complicar aún más las cosas, la Hidra contaba con un aliado: un cangrejo gigante que emergió del pantano y comenzó a atacarlo, mordiéndole el pie sin cesar.

«Es mejor deshacerse primero de esta molestia», pensó Hércules. Con un golpe de su garrote, mató al cangrejo. Luego, pidió a Yolao que encendiera un fuego y utilizara un trozo de madera a modo de antorcha.

Hércules instruyó a Yolao para que, después de cortar una cabeza, cauterizara el muñón con la antorcha, destruyendo así las terminaciones nerviosas para evitar que las cabezas volvieran a crecer. Yolao hizo lo que se le indicó, y finalmente, las cabezas dejaron de regenerarse.

Tras una intensa batalla, Hércules cortó la última cabeza de la Hidra, la cual era inmortal. Rápidamente, la enterró en un agujero y colocó una enorme roca encima para impedir que la criatura la recuperara. Así, la Hidra murió. Hércules abrió el cuerpo de la serpiente y empapó sus flechas en su sangre, conocida por ser extremadamente venenosa.

Hércules se presentó ante la corte de Euristeo y anunció la derrota de la Hidra de Lerna, lo cual enfureció aún más a Euristeo.

La Cierva de Cerinea (El Tercer Trabajo de Hércules)

Esta vez, Euristeo decidió asignar a Hércules una tarea que estaba seguro de que sería imposible de realizar. Hércules debía capturar y traer de vuelta una cierva especial que vivía en Cerinea. Primero, aclaremos qué es una cierva: simplemente, una hembra de ciervo.

A primera vista, esta parecía una tarea fácil para alguien tan poderoso como Hércules. Sin embargo, había un problema: esta cierva en particular tenía cuernos de oro y pezuñas de bronce, y era una mascota de Artemisa, la diosa de la caza. Matar a un animal tan especial no sería sencillo, así que Hércules se encontró en un dilema. Decidió entonces perseguir a la cierva, pero esta seguía escapando. Después de casi un año, el animal finalmente se agotó y fue a descansar a una montaña. Mientras cruzaba un arroyo, Hércules le disparó una flecha y recogió el cuerpo para llevarlo de regreso a Micenas y mostrárselo a Euristeo.

En el camino, aparecieron Artemisa y Apolo, y Artemisa se enfureció al ver a su cierva muerta. Hércules le explicó a Artemisa que estaba cumpliendo con los trabajos impuestos para redimir su pecado. Artemisa, conmovida, decidió perdonarlo y revivió a la cierva con sus poderes, pero hizo prometer a Hércules que devolvería a la cierva una vez completada la tarea. Hércules aceptó y, contento con este giro de los acontecimientos, llevó a la cierva viva ante Euristeo.

A Euristeo le encantó la cierva y quiso quedársela, pero Hércules le advirtió: «Oh gran rey, Artemisa y Apolo me hicieron prometer que la cierva volvería viva. Si te la quedas, habré roto mi promesa y seré castigado. Además, Artemisa y Apolo también te castigarán a ti».

Ante el temor de la ira de los dioses, Euristeo liberó a la cierva.

El Jabalí de Erimanto (El Cuarto Trabajo de Hércules)

Antes de pasar a la historia de cómo Hércules llevó a cabo su tarea, hablemos de los jabalíes. Son animales temibles: grandes, fuertes y con colmillos. Son irritables y atacan si se les molesta, y los animales más grandes se alejan de ellos.

La tarea encomendada a Hércules en esta ocasión consistía en traer vivo al jabalí de Erimanto. ¿Te imaginas traer vivo a un gran jabalí? Pero eso era lo que Hércules tenía que conseguir.

Euristeo dijo a sus cortesanos que esta vez Hércules no volvería. «El jabalí está destinado a matarle. Nadie ha regresado vivo jamás», dijo frotándose las manos con regocijo.

Hércules, cuando recibió el mensaje de Euristeo, fue a su corte y le preguntó: «¿Quieres que traiga aquí al jabalí? ¿Vivo?»

Euristeo estaba fuera de sí de alegría. «Sí, vivo. Te he enviado el mensaje. ¿No sabes leer?»

Hércules no dijo una palabra y abandonó en silencio el tribunal. Comprendió que Euristeo quería que fracasara.

Hércules sabía que aquel jabalí bajaba de la montaña llamada Erimanto y destruía todo lo que encontraba a su paso, matando a quien se ponía en su camino. Sus colmillos eran armas peligrosas y herían a humanos y animales por igual. Todos temían al jabalí.

A Hércules no le costó encontrar al animal. Lo oía chocar y destruir cosas. Hércules persiguió al jabalí alrededor de la montaña, gritando todo lo que podía para asustarlo. Finalmente, el jabalí, ya cansado y asustado, se escondió dentro de un arbusto. Hércules pensó rápidamente, clavó su lanza en el arbusto y expulsó al jabalí a una zona en la que había una espesa capa de nieve. Una vez allí, el jabalí no pudo huir y Hércules lanzó una red y lo capturó. Llevó al animal vivo a Euristeo. Cuando Euristeo vio a Hércules con el enorme jabalí todavía vivo, se asustó enormemente. Inmediatamente, ordenó que Hércules se fuera y liberó al jabalí. ¿Quién querría tener cerca un jabalí tan grande?

La Limpieza de los Establos de Augías (El Quinto Trabajo de Hércules)

Euristeo ahora odiaba aún más a Hércules. Todo lo que le encomendaba, él lo cumplía. Así que ideó una tarea realmente sucia que pensó que sería imposible de realizar.

La tarea consistía en limpiar los establos del rey Augías. Este rey era muy rico y poseía miles de cabezas de ganado, que mantenía en amplios establos. Había tantas vacas, toros, ovejas, cabras y caballos que nadie había limpiado los establos en años. (¡Puedes imaginarte el hedor y la suciedad que se había acumulado durante tanto tiempo!) Euristeo añadió una regla importante: ¡la limpieza debía completarse en un solo día!

«Ahora, amigo mío, veremos si puedes cumplir con esto», pensó Euristeo para sí mismo.

Hércules se dio cuenta de inmediato de que iba a ser una tarea en la que sin duda se ensuciaría y apestaría. ¡Pero estaba decidido a cumplirla!

Cuando Hércules llegó al palacio del rey Augías, vio los establos y todo el magnífico ganado que poseía el rey. Deseaba obtener parte del ganado de Augías, así que ideó un plan. Se acercó al rey y le propuso que limpiaría los establos en un día si el rey le prometía una parte de su ganado. El rey, tan asombrado al escuchar que Hércules prometía limpiar una gran cantidad de establos en un solo día, aceptó. Hércules entonces llevó al hijo del rey para que fuera testigo. Él quería un observador.

Hércules se dirigió al corral donde estaban todos los establos y rompió parte de la pared en un lado, creando una abertura. Luego, se dirigió al lado opuesto y creó otra abertura similar.

A continuación, excavó grandes zanjas que iban desde el corral hasta los dos ríos cercanos. Una vez que las zanjas llegaron al río, el agua comenzó a fluir a través de ellas, entrando al corral por una de las aberturas de la pared y saliendo por la otra. Las aguas en movimiento arrastraron toda la suciedad y el barro mientras recorrían el corral.

¡Milagro de milagros! Todos los establos quedaron absolutamente limpios en poco tiempo. Hércules había cumplido su palabra. Pero el rey, al enterarse de que Euristeo estaba detrás de esta tarea, se negó a cumplir su promesa y a darle el ganado prometido a Hércules. Le pidió a Hércules que abandonara el reino y nunca regresara. Pero Hércules había completado su tarea.

Las Aves del Estínfalo (El Sexto Trabajo de Hércules)

Para este momento, Euristeo no sabía qué tarea darle a Hércules. Entonces, de repente, se le ocurrió una idea. Envió un mensaje a Hércules diciendo que debía ahuyentar a la enorme bandada de aves feroces que se reunía en un lago cerca de la ciudad de Estínfalo. Esta era una bandada muy grande de aves, y no eran aves ordinarias, sino feroces, ya que se alimentaban de carne humana. Hércules no sabía cómo espantar una concentración tan grande de aves. Pero en ese momento, la diosa Atenea acudió en su ayuda. Le entregó una especie de castañuelas que hacían un sonido muy fuerte y le dijo que las usara para ahuyentar a las aves. Estas castañuelas de hierro fueron fabricadas por el maestro artesano Hefesto y producían un sonido muy estruendoso. Hércules subió a una montaña y desde la cima, usando las castañuelas, provocó un gran alboroto que hizo que las aves sorprendidas se elevaran en vuelo. Hércules comenzó a dispararles flechas mientras volaban. Esta vez, también con un poco de ayuda de una diosa, Hércules tuvo éxito. El mito no dice si Hércules mató a todas las aves o solo a algunas de ellas, pero ciertamente logró ahuyentarlas a todas. La tarea estaba completa.

«Ahora, veamos qué más tiene en mente ese bribón de Euristeo», pensó Hércules mientras se dirigía de regreso a Micenas.

CAPÍTULO 3 - LOS TRABAJOS DE HÉRCULES (PARTE 2)

El Toro de Creta (El Séptimo Trabajo de Hércules)

Para la séptima tarea, Euristeo quería que Hércules fuera a someter un toro feroz que estaba aterrorizando el reino del rey Minos y lo trajera de regreso.

El rey Minos había creado a este monstruo al romper una promesa que le había hecho a Poseidón. El dios del mar le había dado a Minos un toro grande con el entendimiento de que lo sacrificaría en su honor. Pero a Minos le gustaba el toro y sacrificó a otro en su lugar. Al enterarse de esta traición, Poseidón convirtió al toro en un animal salvaje que comenzó a aterrorizar Creta, donde vivía Minos. Minos no sabía qué hacer y llamó al único hombre que creía que podría ayudar. Llamó a Hércules, quien ya estaba en camino a Creta para cumplir su séptimo trabajo.

Cuando llegó a Creta, controló a la bestia con bastante facilidad. Agarró los cuernos del toro, lo sometió con su enorme fuerza y lo llevó de regreso a Euristeo.

Aterrorizado ante la vista del toro, Euristeo gritó: «¡Llévatelo! ¡Llévalo afuera!»

Hércules sacó al toro y lo ató. Esperó a que Euristeo dijera qué hacer a continuación.

Euristeo hizo algo extraño. Dejó libre al toro, y este comenzó de nuevo con sus actividades terroríficas. No estamos seguros de por qué hizo esto   . Finalmente, otro héroe griego, Teseo, mató al toro de Creta. Como verás, había muchos héroes en los mitos griegos.

Las Yeguas de Diomedes (El Octavo Trabajo de Hércules)

El mito o historia de esta tarea no está muy claro. Euristeo le pidió a Hércules que fuera a domesticar las yeguas salvajes y antropófagas de un gobernante llamado Diomedes y los trajera de vuelta a Micenas.

Hércules emprendió su viaje hacia Bistone, el hogar de Diómedes, donde las yeguas pastaban libremente. Sabía que los Bistones se opondrían a su intento de llevarse las yeguas, pero estaba preparado para la lucha. Con valentía, atacó y venció a los Bistones, acabando con sus vidas. Después, se dirigió al palacio y también mató a Diómedes.

Hércules domesticó a las yeguas y las llevó de regreso a Euristeo. Pero, para sorpresa de todos, Euristeo las dejó en libertad. Sin embargo, Hércules había completado su octavo trabajo y no se preocupó por este comportamiento extraño del rey.

El Cinturón de Hipólita (El Noveno Trabajo de Hércules)

El noveno trabajo de Hércules es particularmente fascinante. En él, se enfrenta a una tribu de mujeres guerreras conocidas como las Amazonas. Estas mujeres vivían apartadas del resto del mundo y eran renombradas por su habilidad en el combate. Su reina, Hipólita, destacaba entre ellas por su valentía y llevaba una armadura especial en forma de cinturón, regalo del dios griego de la guerra, Ares.

Euristeo sabía sobre este cinturón especial y lo quería para su hija. Astutamente, envió a Hércules a buscarlo.

«No te preocupes, querida, si alguien puede traer el cinturón, es Hércules», le dijo a su hija.

Hércules sabía que las Amazonas no entregarían a su reina ni su cinturón sin luchar. Decidió llevar consigo a algunos hombres para que lo asistieran en caso de enfrentarse a una batalla.

Algunos dicen que el cinturón de Hipólita estaba hecho de oro y le ofrecía protección divina en tiempos de batalla. Por eso Euristeo estaba interesado en él.

Hércules reunió a algunos de sus amigos, incluido el valiente guerrero Teseo, y zarpó hacia la tierra de las Amazonas. Cuando llegaron al puerto, Hércules no estaba seguro de qué hacer. Luego vio que la reina misma había venido a visitarlo. Hércules saludó a la reina. «¿Por qué has venido?» fue la primera pregunta que le hizo Hipólita. Probablemente sabía por qué había venido Hércules. Sin dudarlo, Hércules le dijo que había venido a llevarse su cinturón y llevarlo de vuelta a Micenas.

La reina parecía dispuesta a entregar el cinturón a Hércules sin pelear. Pero   en ese momento llegó otra diosa, Hera, para entrometerse. Hera sabía que Hipólita le daría el cinturón a Hércules y estaba decidida a evitar que eso sucediera.

Hera se disfrazó de guerrera amazona y empezó a decirles a las otras guerreras que Hércules había venido a luchar una guerra y secuestrar a su reina. Como Hera era una mujer como ellas y estaba vestida como una guerrera, le creyeron.

Las guerreras amazonas decidieron atacar a Hércules antes de que él pudiera atacarlas. Tenían que proteger a su reina. Sin saber lo que estaba pasando, Hércules esperó en su barco a que Hipólita viniera a entregarle el cinturón como había prometido. El único que albergaba sospechas era Teseo. «Nos van a atacar. Tengo certeza de ello», le dijo a Hércules. Hércules no estaba convencido de que las Amazonas se estuvieran preparando para atacarlos; en realidad, no creía a Teseo. Sin embargo, poco después, observó cómo las guerreras amazonas, todas equipadas con armaduras, se acercaban a su barco. Armadas hasta los dientes, las Amazonas dejaban claro que su intención era atacar. Al darse cuenta de la amenaza inminente, Hércules desenfundó su espada, seguido de cerca por el resto de los hombres a bordo.

Se desató una batalla masiva en la que Hércules tuvo que enfrentarse a Hipólita, la líder del conflicto. Ella había sido engañada por Hera y creía erróneamente que Hércules intentaba secuestrarla. En el enfrentamiento, Hércules la mató, le quitó el cinturón y luego se marchó.

Más tarde, presentó el cinturón a Euristeo, completando así el noveno trabajo.

El Ganado de Gerión (El Décimo Trabajo de Hércules)

Hércules ahora esperaba el décimo trabajo. Estaba seguro de que Euristeo pensaría en algo muy difícil y peligroso. Y, efectivamente, recibió un mensaje de Euristeo que le indicaba que debía traer el ganado del monstruo Gerión.

Gerión no era un monstruo ordinario. Crisaor y Calírroe eran sus padres. Crisaor había surgido del cuerpo de la Gorgona Medusa (de quien leeremos más adelante). Esto significaba que Gerión era un personaje excepcionalmente fuerte y peligroso. ¡Tenía tres pares de piernas y tres cabezas, todas en un solo cuerpo! Eso lo hacía ver bastante extraño, pero así era él. Puede que te preguntes cómo se movía con seis piernas, pero parece que se las arreglaba bastante bien.

Hércules se dio cuenta de que para completar esta tarea tendría que viajar a la isla de Eritea. Gerión vivía en esa isla y mantenía un rebaño de ganado que era de color rojo. El ganado estaba custodiado por Ortro, un perro de dos cabezas, y por un pastor llamado Euritión.

El sol, impresionado por Hércules, le obsequió un magnífico cáliz dorado para que navegara. Era un cáliz de gran tamaño, algo evidente considerando que Hércules no era un hombre pequeño. Con él, zarpó hacia la isla donde se encontraba el ganado.

Tan pronto como llegó a la isla, el perro de dos cabezas atacó a Hércules. Sin embargo, no podía igualar su fuerza. Con un solo golpe de su potente garrote, Hércules mató al monstruoso perro. Al ver la muerte de su compañero, el pastor intentó detener a Hércules, pero corrió la misma suerte. Hércules no estaba dispuesto a perder tiempo; tenía un trabajo que cumplir. Sin embargo, otro pastor, que había presenciado lo sucedido, fue a informar a Gerión sobre la llegada de Hércules. Gerión, enfurecido, decidió enfrentarse al héroe, pero no tuvo ninguna posibilidad. Hércules lo venció rápidamente con sus flechas.

Sin embargo, Hércules ahora enfrentaba un problema mayor. ¿Cómo podría trasladar todo un rebaño de ganado desde Eritea a Micenas? La isla estaba muy lejos de Micenas, y viajar con un rebaño de ganado estaba comenzando a parecer extremadamente difícil.

Hércules sabía que debía encontrar una solución y emprendió su viaje. En Liguria, se encontró con los hijos del dios Poseidón, quienes intentaron robarle el ganado. Hércules los derrotó, pero pronto se dio cuenta de que este incidente era solo el comienzo de sus verdaderos problemas.

Mientras viajaba por un lugar llamado Regio, uno de los toros se escapó, saltó al mar y nadó hacia el país vecino, que hoy conocemos como Italia. El gobernante de ese lugar, Érice, quien también era hijo de Poseidón, encontró al toro y lo incorporó a su propio rebaño. Hércules, en su búsqueda del toro, logró rastrearlo hasta el reino de Érice. Le pidió a Érice que le devolviera el animal, pero Érice se negó, diciendo que solo lo haría si Hércules lograba vencerlo en un combate de fuerza. Como Hércules era famoso por sus hazañas de fuerza, aceptó el desafío. No solo derrotó a Érice, sino que lo mató en el combate. Finalmente, recuperó el toro y lo devolvió a su rebaño.

Después de un largo y agotador viaje, Hércules estaba cerca de Micenas, convencido de que su misión estaba a punto de terminar. Sin embargo, no contaba con la astucia de la malvada Hera, que tenía la intención de complicarle la tarea. Hera envió una avispa para irritar y dispersar el ganado, que se dispersó en todas direcciones tratando de escapar del insecto. Hércules pasó un buen rato persiguiendo y reuniendo al rebaño. Finalmente, logró entregar el ganado a Euristeo.

Las Manzanas de las Hespérides (El Undécimo Trabajo de Hércules)

Después del agotador décimo trabajo, Hércules estaba exhausto. Sin embargo, aún le quedaban dos trabajos por completar antes de obtener el perdón. Se retiró a su casa y esperó el siguiente trabajo, sabiendo que sería otro desafío, posiblemente algo que ni siquiera él podría lograr.

Después de unos ocho meses, llegó el mensaje: debía traer las manzanas doradas que pertenecían al gran dios Zeus. Hércules entendió que Euristeo quería que fracasara. Algo que pertenecía a Zeus, el rey de los dioses, no podía ser tocado, y mucho menos robado. Hera había dado estas manzanas como regalo de bodas a Zeus, y Hércules estaba seguro de que Hera no permitiría que nadie las tocara.

Las manzanas estaban en un jardín en el borde norte de la Tierra, custodiadas constantemente por un dragón llamado Ladón, que tenía cien cabezas. Además, otras guardianas del lugar eran las Ninfas, hijas del Titán Atlas, quien sostenía el cielo.

El primer problema que Hércules tuvo que resolver fue localizar el jardín donde estaban las manzanas. No sabía dónde estaba el jardín y empezó a viajar, recorriendo varios países: Libia, Egipto y Asia, pero sin éxito.

Durante su viaje, Hércules se topó con Anteo, un hijo de Poseidón, quien lo desafió a un combate. Hércules venció a Anteo, aplastándolo con su fuerza. Más tarde, otro hijo de Poseidón lo detuvo, capturó y llevó para ofrecerlo como sacrificio humano, pero Hércules logró escapar.

Luego, Hércules llegó al Monte Cáucaso, donde encontró a Prometeo encadenado a una roca, como castigo de Zeus. Prometeo sufría intensamente debido al águila gigante que le devoraba el hígado cada día. Hércules mató al águila y liberó a Prometeo.

Prometeo, agradecido, le indicó a Hércules la ubicación del jardín donde se guardaban las manzanas. También le dijo que él no podría conseguir las manzanas por sí mismo, pero Atlas podría hacerlo si lograba convencerlo para que le ayudara. Hércules primero fue al jardín y vio el árbol con las manzanas doradas. Intentó recogerlas, pero cada vez que intentaba tocar una manzana, ésta desaparecía. Recordó entonces lo que le había dicho Prometeo. Abandonando sus intentos de obtener las manzanas, fue a ver a Atlas.

Atlas estaba cansado de sostener el cielo y aprovechó la oportunidad para transferir la carga a Hércules, ofreciéndose a ir en su lugar a buscar las manzanas doradas. Hércules aceptó y asumió la tarea de sostener el cielo mientras Atlas se dirigía a recoger las manzanas. Sin embargo, cuando Atlas regresó con las frutas, se negó a retomar su antigua carga y le pidió a Hércules que continuara sosteniéndolo.

«¡Yo iré a entregarlas a Euristeo por ti!», dijo Atlas.

Hércules, entonces, tuvo que idear una forma de escapar de esta trampa. Le dijo a Atlas que no le molestaba sostener el cielo, pero le pidió si podía sostener el peso por un minuto mientras él se colocaba algo en los hombros.

Atlas, sin sospechar nada, asumió nuevamente la carga. Hércules aprovechó el momento, tomó las manzanas y se marchó, dejando atrás a Atlas para que continuara sosteniendo el cielo.

Al llegar a Micenas, Hércules le mostró las manzanas a Euristeo y explicó que pertenecían a los dioses y debían ser devueltas. Euristeo, reconociendo la verdad de sus palabras, le ordenó que devolviera las manzanas. Hércules llevó las manzanas a Atenea, quien las devolvió al jardín. Cansado después de todo el arduo trabajo, Hércules pensó que, aunque las manzanas estaban de vuelta en el jardín, él estaba a salvo de la maldición de Zeus.

Cerbero (El Duodécimo Trabajo de Hércules)

Después del undécimo trabajo, Hércules estaba exhausto. Había recorrido muchas tierras y había escapado por poco de la temible tarea de sostener el cielo para siempre. Pensó en cuál sería el duodécimo y último trabajo. Euristeo seguramente le asignaría algo imposible o que le costaría la vida. Sin embargo, no tenía otra opción, así que esperó.

Euristeo, buscando un desafío que Hércules no pudiera superar, tuvo una idea. Decidió pedirle que capturara a Cerbero, la bestia que vivía en el Inframundo. El Inframundo, gobernado por Hades y su esposa Perséfone, era el lugar donde las almas eran castigadas o recompensadas según sus acciones en vida. Euristeo pensó que Hércules no se atrevería a entrar allí.

Cerbero era un monstruo feroz que custodiaba las puertas del Inframundo para evitar que cualquier ser viviente entrara al mundo de los muertos. Con sus tres cabezas de perro salvaje, su cola de serpiente o dragón, y serpientes en la espalda, Cerbero ofrecía una visión aterradora.

Hércules, cauteloso, sabía que ninguna criatura viviente que entrara al Inframundo volvía jamás. Era un viaje de ida sin retorno. Decidió buscar la ayuda del sacerdote Eumolpo, guardián de los secretos, para obtener protección antes de adentrarse. Eumolpo le realizó varios ritos misteriosos y lo inició en los Misterios Eleusinos, que lo protegerían en su travesía. Armado con esta protección divina, Hércules estaba listo para entrar.

Consciente de que la entrada principal al Inframundo sería peligrosa, Hércules optó por una entrada secundaria, una cueva rocosa. Al ingresar, se encontró con héroes, fantasmas y monstruos. Sin embargo, continuó su camino valiente hasta encontrarse con Hades.

Hades le preguntó qué deseaba. Hércules explicó sus trabajos y su intención de llevarse a Cerbero, vivo, a Micenas. Hades accedió, pero solo si Hércules podía vencer a Cerbero con sus propias manos, sin usar armas. Confiado en su fuerza, Hércules aceptó y buscó a Cerbero.

Hércules encontró al monstruo cerca de las puertas y, con sus poderosos brazos, agarró las tres cabezas de Cerbero, manteniéndolas firmemente. Aunque Cerbero luchó con todas sus fuerzas y la serpiente en su cola mordía constantemente a Hércules, finalmente el agotado monstruo se rindió. Hércules lo llevó a Euristeo.

Como Cerbero custodiaba las puertas del Inframundo, debía ser devuelto. Hércules regresó a Cerbero al Inframundo y lo liberó sin daño, tal como había prometido.

Con este trabajo, se completaron los trabajos de Hércules y fue perdonado por sus pecados. A partir de entonces, fue un hombre libre. Pero, además de estos famosos trabajos, Hércules vivió muchas aventuras emocionantes, algunas de las cuales descubrirás ahora. Era una persona inquieta, que no podía quedarse en casa y siempre buscaba algo emocionante que hacer.

Las Otras Aventuras de Hércules

Mientras Hércules vagaba por los alrededores, se enteró de que Éurito, el rey de Ecalia, ofrecía a su hermosa hija Yole en matrimonio a quien pudiera vencerlo a él y a sus hijos en un concurso de tiro con arco. Al enterarse, Hércules se dirigió a Ecalia y ganó el concurso, derrotando al rey y a sus hijos. Sin embargo, Éurito incumplió su promesa y se negó a permitir que Hércules se casara con su hija. Furioso, Hércules se marchó, pero Ífito, uno de los hijos de Éurito, no estaba de acuerdo con la decisión de su padre y fue en busca de Hércules.

Cuando Ífito encontró a Hércules, este se encontraba descansando. Los dos se sentaron juntos, compartieron comida y bebida, y disfrutaron de una agradable velada. Sin embargo, durante la noche, ocurrió un incidente trágico: en un arranque de ira, Hércules mató a Ífito. Este acto causó una enfermedad peculiar en Hércules, que no podía curar. Desesperado, decidió acudir al Oráculo de Delfos en busca de una solución. El Oráculo, un templo con una sacerdotisa que pronunciaba profecías, era conocido por dar sabios consejos a quienes lo consultaban.

Hércules fue al templo y pidió una cura. Pero el oráculo se negó a decirle nada. Enfurecido, Hércules empezó a destruir el templo. Cogió el trípode sagrado (conocido como Trípode de Delfos) del templo y quiso llevárselo consigo. Esto alarmó a los dioses. Apolo intervino y empezó a luchar con Hércules. Ambos eran poderosos y la lucha se agravó. Zeus vio que había llegado el momento de intervenir para poner fin a este disparate. Lanzó un rayo que separó a los dos combatientes. El trípode fue sustituido y la sacerdotisa envió entonces un oráculo. Hércules debía pasar un año como esclavo. Fue entregado a la reina Ónfale (uno de los muchos personajes secundarios de los mitos), y allí cumplió su castigo. La historia muestra que demasiado orgullo y cólera no son buenos y conducen inevitablemente a cosas malas.

Hércules también participó en la batalla contra los Gigantes. Se trataba de monstruos feroces que eran tan altos como las montañas. Estos monstruos decidieron atacar el Olimpo, el lugar donde vivían los dioses. Zeus sabía que necesitaba la ayuda de Hércules porque los Gigantes eran enemigos muy peligrosos. Hércules acudió y participó en la batalla, matando a varios de los Gigantes.

A continuación, Hércules se vio envuelto en otra aventura. Dijo a Laomedonte, rey de Ilión, que rescataría a su hija Hesíone de su destino. Hesíone estaba atada a una roca como ofrenda a los dioses para evitar una epidemia. ¡Iba a ser devorada por un dragón! Cuando el dragón llegó para comérsela, Hércules lo mató. Pero de nuevo, como había ocurrido muchas veces en su vida, el rey se negó a recompensar a Hércules, faltando a su palabra. Hércules volvió con seis naves, atacó a Laomedonte y lo mató a él y a sus hijos   como venganza. Luego entregó a Hesíone en matrimonio a uno de sus amigos.

CAPÍTULO 4 - LOS DIOSES OLÍMPICOS

La mitología griega tiene muchos dioses y diosas, demasiado numerosos como para hablar de todos ellos. Pero en este capítulo hablaremos de los más importantes. Los dioses y diosas tuvieron grandes repercusiones y gobernaron partes importantes del universo.

Zeus

Zeus era el dios más importante de los griegos. Era hijo de Cronos y Rea, aunque Zeus creció lejos de sus padres. Era un dios importante y veremos que quizá sea el dios más importante de toda la mitología griega, pues aparece o se le menciona en casi todos los mitos. De hecho, ¡era el rey de reyes! Aunque otros dioses gobernaban distintas partes del universo, Zeus era el amo absoluto. Su palabra era definitiva en todos los asuntos. Castigaba a cualquier dios que le desobedeciera. ¿Recuerdas a Prometeo? El mito griego está lleno de actividades de Zeus. Era él quien decidía el destino de los demás dioses siempre que había una disputa.

Poseidón

Zeus era el soberano más poderoso, pero Poseidón, que era su hermano, no tenía menos importancia. Poseidón gobernaba los mares y los océanos, y eso es mucho para gobernar.

Cuando Zeus luchó contra los Titanes y los Gigantes, Poseidón luchó a su lado.

Poseidón también era conocido como el dios de los terremotos y de los caballos. El tridente que portaba tenía el poder de hacer temblar la Tierra cada vez que Poseidón lo arrojaba al suelo. Poseidón vivía en las profundidades del océano, en un fantástico palacio rodeado de criaturas marinas y monstruos.

Cuando viajaba, sujetaba su carruaje a veloces caballos de crines doradas y cascos de bronce. Se vestía con una armadura dorada y atravesaba los océanos, los cuales se abrían para dejarle pasar. A medida que atravesaba las olas, los monstruos marinos se acercaban para rendir homenaje a su soberano. Puedes imaginarte el espectáculo que ofrecía este carruaje surcando los mares y los monstruos marinos alzándose. ¡Un espectáculo impresionante en verdad! En la mayoría de las pinturas griegas, verás a Poseidón con una larga cabellera rebelde y portando su famoso tridente. Era un personaje con un aspecto bastante atemorizante.

Apolo

El origen exacto de este importante dios no está muy claro. Apolo siempre fue representado como un joven apuesto, delgado y fuerte. Se decía que gobernaba la luz del sol. Como sabes, el calor de la luz solar es necesario para madurar las cosechas y los frutos. Por consiguiente, Apolo también gobernaba las cosechas. Por ello, cuando la gente cosechaba su primer grano, hacían una ofrenda a Apolo para contentar al dios y asegurarse de que la siguiente cosecha también fuera buena. En muchas culturas aún se practica la ofrenda de la primera cosecha a los dioses.

La madre de Apolo era Leto. Cuando Apolo era sólo un niño, demostró que no era un dios corriente. En aquel tiempo había una serpiente llamada Pitón, que era malvada. Apolo decidió matarla. Se llevó consigo las flechas que había fabricado Hefesto, el maestro artesano, y viajó al Parnaso, donde vivía la serpiente. Cuando la serpiente le vio, le atacó, pero Apolo le alcanzó con una flecha.

La serpiente cayó al suelo y empezó a gemir de dolor. Apolo miró a la serpiente con desprecio y le dijo: «Quédate ahí y púdrete, criatura malvada».

Apolo era también un dios pastor, que cuidaba de los rebaños de vacas, ovejas y otros animales domesticados. Era importante para la gente que tenía ganado y le rezaban para que sus rebaños estuvieran siempre a salvo de los depredadores.

También se decía que la música y el canto eran dominio de Apolo. A menudo se le mostraba con una lira en las manos. Se decía que los dioses escuchaban a menudo a Apolo cantar y tocar la lira. Como la música y el canto eran siempre importantes, tenía un portafolio muy importante. La forma en que consiguió la lira aparece en otra historia que leerás próximamente.

También se le conocía como el Arquero Celestial debido a que sus flechas nunca erraban el blanco.

Sin embargo, Apolo seguía siendo un dios muy fuerte. Como verás, no rehuía la lucha. En Fócida había un hombre llamado Forbante (un mortal), que tenía una fuerza extraordinaria y que asaltaba a la gente que iba al templo de Delfos y les hacía luchar contra él. Como era muy fuerte, los derrotaba. Luego los torturaba y los mataba. Apolo decidió acabar con este bandido. Para ello, se disfrazó de atleta y apareció en el camino de Delfos. Forbante desafió a Apolo a un combate y Apolo lo derribó con un poderoso puñetazo. ¡Forbante había cometido el error de desafiar a la persona equivocada!

Cuando Hércules enloqueció y empezó a destruir el templo del Oráculo de Delfos, Apolo luchó contra él. Hércules, como sabes, era conocido como alguien que tenía una fuerza sobrehumana, pero Apolo no rehuyó enfrentarse a él.

Gozaba de mucho respeto en el consejo del rey. Todos los dioses le honraban cuando entraba. Incluso Zeus respetaba a Apolo.

Hermes

Hermes gobernaba sobre diversos aspectos. Se dice que gobernaba sobre los viajeros y garantizaba un viaje seguro a quienes le rezaban. En aquella época se solía viajar principalmente por motivos de negocios, por lo que Hermes se convirtió automáticamente en el dios del comercio. También se dice que gobernaba el viento. Su dominio no está muy claro en los mitos.

Una cosa es segura: Hermes era el mensajero de Zeus y entregaba sus mensajes tanto a los mortales como a los dioses. En efecto, Zeus no cesaba de enviar mensajes a diversos dioses.

Hermes llevaba sandalias aladas cuando entregaba mensajes para Zeus. A veces también llevaba un sombrero con alas para ayudarse en sus viajes por los cielos.

Hijo de Zeus y Maya, Hermes nació en una cueva. Se dice que el día de su nacimiento mostró su naturaleza traviesa robando ganado que pertenecía a Apolo. Podrías pensar: ¿un recién nacido? ¡Los bebés ni siquiera pueden levantarse! Pero estamos hablando de dioses, ¿recuerdas?

Hermes se levantó tranquilamente de su cuna y se escabulló. Luego subió a la montaña de Pieria, donde se guardaba el rebaño sagrado. Tomó 50 cabezas de ganado del rebaño y las condujo al amparo de la oscuridad a un lugar llamado Alfeo. Hermes era tan astuto que las hizo caminar hacia atrás para que nadie supiera por dónde habían ido. Además, se puso unas sandalias grandes para que sus huellas hicieran creer a todos que el ladrón era un hombre adulto. Ocultó el ganado en una caverna, pero aún no había terminado. De entre las novillas más gordas, seleccionó dos y las asó. Luego repartió la carne en 12 porciones iguales y ofreció la comida a los 12 dioses. A continuación, él se convirtió en vapor, volvió a entrar en su habitación por el ojo de una cerradura y se acostó de nuevo en su cuna.

Apolo descubrió su pérdida y, utilizando sus poderes divinos, se dio cuenta de que Hermes era el culpable. Furioso, se dirigió a la cueva donde yacía y le acusó. «¿Por qué has robado mi ganado?» Hermes miró inocentemente a Apolo y negó haber robado el ganado.

Entonces Apolo lo levantó y lo llevó ante Zeus para que lo juzgara. Zeus se divirtió y no pudo sino alabar el ingenio de Hermes. Pero también sabía que Apolo era un dios y no toleraría faltas de respeto. Le dijo a Hermes que devolviera el ganado a Apolo. Entonces Hermes les indicó dónde estaba el ganado y Apolo lo recuperó.

Zeus y los demás Olímpicos de la corte se quedaron embelesados ante aquel niño jovial que parecía extremadamente inteligente. Hefesto, que estaba presente en la corte, quedó prendado del encanto que mostraba Hermes, sentándose en el regazo de Zeus y jugueteando con la barba del dios.

Todos los dioses decidieron que Hermes debía convertirse en el mensajero divino.

Hefesto decidió hacerle un regalo e hizo un par de sandalias que tenían alas. Estas sandalias permitirían a Hermes surcar literalmente el cielo hacia cualquier lugar al que quisiera ir. Agradecido por el regalo, Hermes dio a Hefesto un gran abrazo de alegría. Hefesto no estaba acostumbrado a que le abrazaran. Era feo y no mucha gente le abrazaba o le tocaba. Estaba tan feliz que volvió a su fragua, fabricó un casco con alas y también se lo dio a Hermes. Este casco haría que Hermes fuera más rápido por el aire. Hefesto también regaló a Hermes un báculo de plata con dos serpientes entrelazadas en la punta.

Sin embargo, Hermes sabía que Apolo seguía enfadado. Aún no había olvidado que Hermes le había arrebatado su ganado. Hermes decidió reparar el daño y fabricó un instrumento de cuerda (más tarde conocido como lira) utilizando el caparazón de una tortuga, y fue al encuentro de Apolo. Pero Apolo se enfadó y lo demostró hasta que Hermes empezó a tocar la lira. El sonido celestial del instrumento encantó a Apolo. Hermes sabía que Apolo lo deseaba, pero no podía pedírselo. Así que se lo obsequió como un regalo. De este modo, Apolo olvidó toda su cólera y Hermes y él se hicieron amigos para toda la vida. Apolo confió a Hermes el cuidado del rebaño celestial.

Apolo se convirtió en el dios de la música, pues siempre estaba tocando la lira y cantando, y Hermes se convirtió en el protector de los rebaños y manadas. Hermes participó en muchas aventuras y ayudó a muchos mortales y dioses a superar sus problemas.

Ares

Los mitos griegos dicen que Ares es el dios de la guerra y las luchas. A Zeus no le caía bien y un día, en el Consejo de los Dioses, Zeus le dijo a Ares que era el que más le disgustaba porque lo único que hacía era disfrutar con las batallas, las luchas y la guerra. A Ares no le importó porque sabía que él era el dios de la guerra. Alguien tenía que serlo.

Ares solía deambular montado en un carro tirado por veloces caballos con frontaleras de oro. Él mismo iba vestido con armadura de bronce portando una poderosa lanza en la mano. Recorría los campos de batalla y asestaba golpes a uno y otro bando. No le importaba quién luchaba contra quién ni por qué razón. Simplemente entraba en la batalla y luchaba.

Ares, sin embargo, era un dios muy brutal y sanguinario, que nunca estaba contento a menos que estuviera matando o luchando contra alguien. Esto hacía que todo el mundo le tuviera antipatía e incluso los dioses le evitaban. Pero Ares no siempre ganaba la batalla que libraba e incluso a menudo salía herido y malherido.

Una vez Hércules le dio una paliza y él huyó al Olimpo para lamerse las heridas. Ares se metió en muchas dificultades y situaciones peliagudas debido a su afición a los problemas.

Hefesto

¿Recuerdas a Hefesto? Fue el dios al que Prometeo robó el fuego y se lo dio a la humanidad.

Hefesto, si bien era un dios, no era especialmente apuesto. Era cojo de ambas piernas, lo que significaba que estaban deformadas. Tenía los pies torcidos y caminaba a trompicones. Los demás dioses eran mezquinos y se reían de su peculiar forma de andar.

Hera, la madre de Hefesto, se avergonzó tanto de su cuerpo desfigurado que lo arrojó al mar, donde quedó al cuidado de Tetis, otra diosa. Posteriormente, se reunió con su madre.

Hefesto era un maestro artesano de los metales. Tenía una fragua donde fabricaba objetos mágicos para los dioses. Era extremadamente inventivo, y los dioses acudían a él cuando necesitaban algo hecho de metal. Cosas como espadas, armaduras y escudos, algo que los dioses siempre necesitaban, pues siempre había alguna guerra o batalla en algún lugar.

Hefesto podía ser feo, pero era un genio con los metales. Él mismo se construyó un palacio de bronce, del que se decía que era indestructible. Dentro de este palacio tenía su fragua, donde se le podía ver martilleando metal al rojo vivo para fabricar diversos objetos. Se dice que creó muchos palacios de bronce para los dioses. Cada vez que un dios acudía a verle, se aseaba (ya que trabajaba con fuego y, por tanto, siempre sudaba) y se sentaba en su trono. Entonces preguntaba al dios o diosa que había ido a verle lo que quería. Él sabía que era el mejor.

Entre sus famosas creaciones están el trono de oro, un cetro y rayos para Zeus, flechas para Apolo y Artemisa, una coraza para Hércules y una armadura para Aquiles (que fue una figura importante en la gran batalla entre griegos y troyanos llamada Guerra de Troya).

Hefesto siempre hacía lo que Zeus le pedía. Fue él quien creó las cadenas para atar a Prometeo a la roca. Lo hizo contra su voluntad porque sabía que molestar a Zeus era peligroso.

Hefesto no había olvidado cómo su madre lo había tratado. Ella no había sido una buena madre y lo había arrojado desde una montaña hacia el mar. Decidido a vengarse, Hefesto construyó un magnífico trono de oro y lo envió a Hera como un regalo anónimo.

Hera, fascinada por el trono, se sentó en él, solo para quedar atrapada en el acto. Los brazos del trono se cerraron y la inmovilizaron, dejándola incapaz de levantarse. Todos, incluso Zeus, intentaron liberarla, pero sin éxito. Finalmente, Hefesto llegó, aparentando no saber nada del asunto.

Con una curiosidad fingida, preguntó si Hera estaba atrapada en el trono. Hera, aterrorizada y furiosa, respondió: «¿No ves que estoy

atrapada en este trono infernal?». Hefesto se
acercó a ella, y el trono se desbloqueó,
liberando a Hera. A partir de entonces, Hera
trató a Hefesto con respeto, reconociendo que
su hijo era realmente una persona especial.

Atenea

Atenea era conocida por su valor en el campo
de batalla. A Atenea le gustaban los valerosos y
los protegía. Ella socorrió a Hércules cuando
éste estaba ocupado en terminar las labores que
le había encomendado Euristeo. Cuando
Hércules recibió el encargo de ahuyentar a las
aves del Estínfalo, estaba desconcertado. No
tenía ni idea de cómo ahuyentar a una bandada
de pájaros tan grande. Fue Atenea quien le dio
los cascabeles. Eran unos cascabeles especiales
diseñados por Hefesto que emitían un sonido
tan fuerte que permitió a Hércules ahuyentar
fácilmente a los pájaros.

Atenea tenía un lado benévolo en su carácter y,
cuando no estaba en combate, hacía muchas
cosas útiles. Por ejemplo, enseñó al pueblo de
Cirene a domar caballos. También ayudó a
Jasón a diseñar y construir la nave Argo.

Uno de sus inventos más importantes fue
diseñar y construir el primer torno de alfarero,

con el que el pueblo fabricaba jarrones y otras vasijas de barro. En aquella época, esto fue de gran ayuda. Estas vasijas y jarrones se utilizaban para almacenar grano, agua y otras cosas. El torno de alfarero se sigue utilizando hoy en día.

Atenea también enseñó a las mujeres el arte de tejer y bordar. Si no hubiera tejido, hoy no habría ropa, ¿verdad?

Hay una historia especialmente interesante e intrigante sobre Atenea.

En un lugar llamado Lidia, vivía una muchacha llamada Aracne. Esta muchacha era conocida por su habilidad en el uso de la aguja y el huso. Un día se le ocurrió retar a Atenea a competir con ella. Atenea se enfadó porque una simple mortal se atreviera a desafiarla. Deseaba castigar a Aracne, pero en lugar de ello aceptó el desafío. Al fin y al cabo, ella, Atenea, fue la diosa que inventó el proceso. Envió un mensaje para comunicarle que estaba preparada para el desafío.

Atenea fue al encuentro de Aracne disfrazada de anciana.

«Retira tu desafío a Atenea. Es una diosa. ¿Cómo te atreves a desafiarla?», le dijo. Aracne se negó a retirarse.

Atenea adoptó entonces su forma divina, resplandeciente de luz, y dijo a Aracne que aceptaba el desafío.

Aracne se sentó inmediatamente en su telar y empezó a tejer. Usó hilos de colores y utilizó, como motivo de sus dibujos, el amor de los dioses. Cuando terminó, se la ofreció a Atenea para que la examinara.

Atenea inspeccionó cuidadosamente la tela, pero por más que lo intentó, no pudo encontrar ni un solo defecto. Enfurecida, maldijo a Aracne y la convirtió en araña.

«¡Pasarás el resto de tus días tejiendo con el hilo de tu propio cuerpo!», dijo Atenea.

Las arañas siguen utilizando su fluido corporal para tejer sus telas. La próxima vez que veas una araña, ¡podría ser Aracne! ¿Qué te parece? Al fin y al cabo, sigue siendo un mito, un cuento, ¿no? ¿O acaso es verdad?

Afrodita

Afrodita es la diosa del amor y la belleza. Nació del mar y era tan bella que todas las demás diosas estaban celosas de ella. Decidieron pedir a alguien, un mortal, que juzgara quién era la más bella. Las concursantes fueron Hera, Atenea y, por supuesto, Afrodita.

Los dioses decidieron que Paris, el hijo del rey Príamo de Troya, sería el juez. Las tres diosas descendieron sobre Troya. Paris estaba cuidando sus rebaños en una ladera cuando se presentaron las tres diosas. Cuando Paris oyó lo que querían que hiciera, se negó. Paris era inteligente, no quería involucrarse con las diosas. Sabía que si elegía a una de ellas, las otras le guardarían rencor, y él podía prescindir de los rencores de las diosas.

Sin embargo, las tres diosas insistieron y dijeron que Zeus había tomado la decisión de que acudieran a él. Esta vez Paris no tuvo elección. Las dos diosas, Hera y Atenea, le prometieron tierras y reinos si las elegía.

Sólo Afrodita no ofreció nada a Paris. No tenía mucho que ofrecer. Pero Paris quedó tan impresionado por su deslumbrante belleza que la eligió. Afrodita fue la vencedora.

A Hera y Atenea no les hizo ninguna gracia y más tarde vengarían este insulto creando la Guerra de Troya, en la que Paris fue asesinado y el reino de Troya fue devastado por los griegos.

Seguro que has leído algo sobre el caballo de Troya. En realidad era un caballo griego. Los griegos se escondieron dentro del gigantesco caballo de madera y lo dejaron fuera de Troya. Los troyanos, sin saberlo, llevaron el caballo al interior de su fortaleza. Los griegos descendieron del caballo y derrotaron a los troyanos. A continuación, los griegos también destruyeron la ciudad de Troya. Las diosas obtuvieron su venganza.

Hestia

La palabra griega *Hestia* significa «hogar». En aquella época, significaba el lugar donde se mantenía encendido el fuego. Hoy en día la gente enciende el fuego cuando lo necesita, pero recuerda que en la antigüedad el fuego era algo precioso. Prometeo arriesgó su vida para traerlo a los humanos. Por tanto, el fuego siempre se cuidaba y se trataba con respeto. Por aquellos tiempos no se disponía de cerillas.

Cuando un miembro de una familia se marchaba para establecer un nuevo hogar, se llevaba consigo el fuego familiar, de modo que se mantenía la continuidad de la familia. La gente también hacía un lugar en la comunidad donde se mantenía encendido un fuego público. Hestia era la diosa de todos estos fuegos.

Hestia era también el fuego en el que los hombres sacrificaban cosas a los dioses. Hestia no era una diosa que viviera muchas aventuras, pero al ser la guardiana de los fuegos domésticos, seguía siendo importante. En la antigua Grecia, el fuego era un bien muy valioso.

CAPÍTULO 5 - HÉROES IMPORTANTES (PARTE 1)

Teseo

Teseo era como Hércules: era muy fuerte y se dedicaba a destruir monstruos. Se dice que, cuando aún era un niño, atacó el cuerpo del león de Nemea, aunque ya estaba muerto. Hércules lo había matado y había dejado el cadáver sobre una mesa. Ya crecido, Teseo empezó a deshacerse de varias personas malas que se ensañaban con los inocentes.

Se enteró de que Sinis, un hijo de Poseidón, torturaba a cualquiera que se cruzara en su camino. Sinis ataba a la persona entre dos pinos doblados y luego soltaba los árboles para que la persona se despedazara. Teseo decidió castigar a Sinis y fue a verle. Sinis, pensando que Teseo era un hombre más, intentó hacerle daño. Teseo, que también era hijo de Poseidón, lo mató.

Una de las grandes hazañas de Teseo fue matar al Minotauro, una criatura con cuerpo de hombre y cabeza de toro.

El hijo de Minos, soberano de Creta, fue asesinado por los atenienses. Minos se vengó enviando a sus embajadores a Atenas a buscar siete jóvenes y siete doncellas. Éstos debían servir de alimento al Minotauro, al que Minos mantenía prisionero en un laberinto. Este laberinto fue construido por el hábil artesano Dédalo (hablaremos de él más adelante). El Minotauro era una criatura feroz que asesinaba y devoraba a los catorce jóvenes. Esto se prolongó durante años.

Sin embargo, Teseo se encontraba en Atenas cuando los embajadores vinieron a recoger a los 14 desafortunados jóvenes. Teseo se enfadó y decidió ir con los jóvenes y matar a la criatura. Cuando llegó a Creta, se encontró con Minos.

«¿Y tú quién eres?», le preguntó Minos. Teseo respondió que era hijo de Poseidón.

Minos no le creyó. «Pues si realmente eres hijo de Poseidón, tráeme esto», dijo Minos, y arrojó un anillo de oro al mar.

Teseo se zambulló en el mar y regresó con el anillo.

Pero para entonces una hija de Minos, Ariadna, se había enamorado de Teseo y decidió ayudarle. Ella sabía que el laberinto era un lugar del que resultaba difícil salir, pues había sido construido con gran astucia por Dédalo. Lo hizo así para impedir que el Minotauro saliera.

«Lleva contigo este ovillo para que puedas encontrar la salida del laberinto. Átalo a un árbol cuando entres y deja que la cuerda se vaya desenrollando a medida que avanzas. Una vez que hayas matado al Minotauro, sigue la cuerda hasta salir», dijo Ariadna a Teseo.

Teseo utilizó la cuerda exactamente como Ariadna le había dicho, y tras matar al Minotauro siguió la cuerda y salió del laberinto.

Entre sus otras hazañas, fue con Hércules a buscar el cinturón de Hipólita, la reina de las Amazonas. Fue él quien avisó a Hércules de que las Amazonas se disponían a atacar.

Teseo estaba aburrido un día y pensó que se desharía de los bandidos que torturaban a los viajeros. Eso pensó que le daría gloria. Ya había castigado a Sinis.

Así que partió a pie con su espada y algunas cosas en una bolsa.

El primer bandido que encontró era un cíclope gigante llamado Perifetes. Llevaba un garrote enorme.

«¿Qué hay en la bolsa?», le preguntó a Teseo.

Cuando Teseo no respondió, el gigante empezó a enfadarse.

«Te voy a aplastar la cabeza con mi garrote de bronce», dijo.

Sin embargo, Teseo fue astuto. «Ese garrote no es de bronce, sino de madera. Cualquiera puede verlo».

El cíclope se enfadó al oír esto y ofreció a Teseo el garrote para ver si era de bronce o no. «A ver si puedes sostenerlo».

Teseo fingió que era pesado y, empuñando el garrote, golpeó al gigante en las piernas. El gigante cayó al suelo dolorido. Teseo le golpeó entonces varias veces y finalmente lo mató. Luego siguió su camino, llevándose consigo el garrote.

A medida que avanzaba en su viaje, Teseo se encontró con un siniestro y amenazador personaje llamado Escirón. Teseo conocía bien las malas acciones de Escirón. Este hombre solía llevar a sus víctimas hasta el borde de un acantilado, donde les pedía que se sentaran de espaldas al mar para lavarle los pies. Una vez que la víctima estaba en esa posición, Escirón la pateaba y la lanzaba al mar, donde una tortuga gigante se la devoraba. Cuando Escirón vio a Teseo, se acercó a él y le apuntó con una espada.

«¡Lávame los pies o muere!», dijo Escirón, pero Teseo estaba preparado.

«No quiero hacerlo. Tienes los pies sucios y malolientes», replicó Teseo, tranquilizándose.

«O me lavas los pies, o te mato ahora mismo», dijo Escirón, presionando con más fuerza la punta de la espada contra el cuerpo de Teseo.

Teseo fingió pensárselo y luego dijo que necesitaba agua caliente, aceites y un paño para lavar correctamente los pies de Escirón.

El bandido accedió y trajo a Teseo el agua caliente, los aceites y el paño.

Cuando empezó a lavar los pies de Escirón, le empujaron al borde del precipicio. De repente, Teseo fingió perder el equilibrio y tropezó con Escirón. Entonces arrojó el agua caliente a la cara del bandido, cegándole.

De un fuerte empujón, Escirón se precipitó hacia el mar. La tortuga esperaba a su presa y probablemente se comió a Escirón.

La última gran aventura de Teseo consistió en enfrentar a un hostil anfitrión que recibía a sus huéspedes con amabilidad solo para luego torturarlos. Este villano, Procusto, tenía una cama especialmente diseñada con un mecanismo para ajustarla a diferentes longitudes. Si el huésped era alto, Procusto reducía el tamaño de la cama y, cuando las piernas del huésped colgaban por encima del borde, él le cortaba las extremidades, argumentando que la cama era demasiado corta para él. Por otro lado, si el huésped era bajo, Procusto alargaba la cama y le estiraba con el mecanismo, haciéndole sufrir para ajustarlo al tamaño de la cama. Teseo, al llegar a la hospedería de Procusto, empezó a sospechar de sus intenciones. Observó que la esposa de Procusto estaba en la cocina y notó un intercambio de miradas que le hizo dudar.

Teseo expresó su deseo de darse un baño y se dirigió al estanque que estaba detrás de la casa. Sin embargo, en lugar de ir al estanque, volvió a la ventana y escuchó cómo planeaban torturarlo antes de matarlo. Aparentando no saber nada, Teseo cenó y luego se fue a acostar, acompañado por Procusto. Una vez en la cama, Teseo arrojó a Procusto sobre ella y le administró una dosis de su propia medicina. Así, Teseo puso fin a los horribles actos de Procusto y su esposa.

Jasón, un héroe mitológico de la antigua Grecia y líder de los Argonautas, es conocido por su búsqueda del Vellocino de Oro, un relato prominente en la literatura griega.

Jasón y los Argonautas

Este mito o historia también se llama a veces «Jasón y el Vellocino de Oro». Como veremos, el Vellocino de Oro desempeña un papel importante.

Es uno de los mitos más antiguos en los que un héroe emprende una búsqueda. Es una historia de aventura y traición. Pero antes de empezar, debes saber por qué Jasón fue en busca del Vellocino de Oro.

La cadena de acontecimientos comenzó cuando Pelias mató al padre de Jasón, el rey de Yolco, y usurpó el trono. La madre de Jasón, temerosa de que Pelias matara también al niño

Jasón, se lo llevó a un centauro llamado Quirón, que era mitad hombre y mitad caballo. Quirón se llevó al niño Jasón y lo crió.

Mientras tanto, Pelias gobernaba Yolco con mano tiránica, aplastando cualquier forma de disidencia y protesta. Era un gobernante opresivo, alguien que gobernaba mediante el uso de la fuerza bruta. Nadie podía destituirle, pues era muy despiadado en su venganza. Pelias estaba muy alerta porque un oráculo había profetizado que su trono le sería arrebatado por un pariente que llevara una sola sandalia, y sus espías tenían instrucciones de vigilar de cerca a tal persona.

Mientras tanto, Jasón había crecido lentamente y había alcanzado la edad de 20 años. Quirón, que cuidaba de Jasón, le enseñó los secretos de las hierbas y medicinas, sin embargo, se dio cuenta de que Jasón era más bien un chico atlético y físico.

Quirón habló entonces a Jasón de su padre y de cómo Pelias le había matado a traición y le había arrebatado el trono. Jasón juró vengarse, pero esperó su momento. Había aprendido de Quirón los beneficios de la paciencia.

Llegó el día en que Jasón decidió que viajaría a Yolco y exigiría sus derechos. Le pediría a Pelias que le entregara el trono que ahora le pertenecía por derecho.

Se despidió de Quirón y emprendió el viaje.

Jasón caminó durante días y llegó a un río, no muy profundo, pero era un río al fin y al cabo. En la orilla vio a una anciana encorvada a la que le ofreció   cruzarla a cuestas. Se la subió a la espalda, entró en el río y empezó a vadearlo hasta la orilla opuesta. La anciana a su espalda no dejaba de arañarle y murmurar algo.

Cuando llegó al otro lado, se dio cuenta de que una de sus sandalias se había desprendido y estaba atascada en unas rocas del río. Intentó volver a vadearlo para recuperar la sandalia, pero la anciana seguía arañándole. Cuando consiguió liberarse de sus manos, la sandalia había sido arrastrada por la corriente. Jasón se dio cuenta de que tendría que continuar con una sola sandalia. Mientras tanto, vio que la anciana había desaparecido sin dejar rastro.

La anciana era en realidad Hera, una diosa, que quería ayudar a Jasón en su lucha contra Pelias, a quien odiaba. La razón por la que le odiaba es otra historia, y de todas formas Hera odiaba a mucha gente. Por ahora, continuaremos con Jasón.

Cuando Jasón llegó a Yolco, deambuló mirándolo todo. La gente empezó a fijarse en aquel apuesto desconocido. Les intrigaba el hecho de que sólo llevara una sandalia.

Los guardias del palacio corrieron a informar a Pelias de la presencia de Jasón. Por supuesto, aún no sabían su nombre. Pero había que informar al rey.

Pelias estaba ocupado con su propio trabajo cuando llegaron los guardias.

«¿Extraño? ¿Qué clase de extraño?», preguntó a los guardias.

«Es alto y tiene el pelo largo y dorado. Lleva la piel de un león, mi señor», respondió el guardia.

Pelias se puso a pensar. ¿Quién era ese extraño de pelo dorado?

Uno de los guardias recordó algo. «Cojea, mi señor».

«¿Cojea?», preguntó Pelias cada vez más desconcertado.

El otro guardia, sin embargo, era más observador. «Cojea porque sólo lleva una sandalia».

Pelias se incorporó. «¿Sólo lleva una sandalia? ¿Estáis seguros?»

Los guardias asintieron enérgicamente.

«Que lo traigan aquí. Quiero conocerle», ordenó, empezando a sentirse inquieto. ¿Era éste el que le arrebataría el trono? La profecía empezaba a atormentarle.

«Espera. Creo que saldré a su encuentro. ¿Dónde está ahora?», preguntó Pelias.

«Está en el mercado, mi señor», respondió uno de los guardias.

Pelias se apresuró a salir al encuentro de aquel extraño, que sólo llevaba una sandalia.

Al llegar al mercado, encontró a Jasón rodeado de admiradores. También vio que, efectivamente, el desconocido sólo llevaba una sandalia.

Al ver al rey, la mayoría de la gente se abrió paso.

Pelias se acercó a Jasón y le preguntó quién era.

Jasón creía en el acercamiento directo y dijo: «He venido a exigir lo que es mío, tío».

Pelias se quedó un poco desconcertado. *¿Tío?* Pelias tenía muchos sobrinos. Entonces se le ocurrió una idea. ¡He aquí un pariente que sólo llevaba una sandalia! ¿Era éste el hombre del que había hablado la profecía? Pero Pelias era un hombre taimado y astuto y estaba decidido a no renunciar a su trono tan fácilmente.

«Sobrino, ¿cómo te llamas?», preguntó amistosamente.

«Soy Jasón, hijo de Esón, antiguo rey de Yolco. Tú mataste a mi padre y usurpaste el trono. Soy el legítimo heredero del trono y he venido a recuperar lo que es mío».

Al oír estas palabras, Pelias supo que el pasado había vuelto para atormentarle. Tenía que encontrar la forma de impedir que se cumpliera la profecía. Pensó rápidamente.

Pelias rodeó con la mano los hombros de Jasón y le dijo que le cedería de buen grado el reino, pero que había un problema. El reino estaba maldito.

Jasón no había oído hablar de ninguna maldición, así que pidió a Pelias que se lo explicara.

Pelias empezó a explicar a Jasón los detalles de la maldición.

Pelias dijo que había consultado a un oráculo cuando se dio cuenta de que no había paz ni prosperidad en su reino, y el oráculo le había informado de que había que traer de vuelta el Vellocino de Oro. El rey debía devolverlo a Yolco. Después de eso, el reino sería próspero. Esto era totalmente falso. Pelias no había hecho tal cosa.

Luego continuó con su farsa. Preguntó a Jasón si había oído hablar de su primo Frixo. Jasón admitió conocer a su primo Frixo.

Pelias le dijo que su primo había muerto en un lugar llamado la Cólquida, y que allí había guardado el Vellocino de Oro. Como nuevo rey de Yolco, Jasón debía ser quien trajera de vuelta el Vellocino de Oro de Cólquida. El oráculo fue firme en ese punto. El rey debía ir personalmente a buscar el Vellocino de Oro. Sólo entonces se levantaría la maldición.

Jasón lo consideró y decidió emprender esta búsqueda en beneficio del pueblo.

«¡Así se hará, tío! Iré y traeré el Vellocino de Oro aquí, a Yolco», dijo Jasón, que se sentía feliz de tener por fin una gran búsqueda que emprender.

Pelias no cabía en sí de gozo. Sabía que la tarea estaba plagada de problemas y que lo más probable era que Jasón no volviera con vida. El Vellocino de Oro estaba custodiado por un feroz dragón que nunca dormía, y el mero hecho de llegar hasta allí estaba plagado de peligros.

Antes de continuar, es importante saber cómo llegó el Vellocino de Oro a la Cólquida.

Zeus había regalado un carnero de oro a Frixo (primo de Jasón). Frixo se sentó sobre el carnero y voló a la Cólquida desde Grecia. La Cólquida estaba gobernada por un rey llamado Eetes, que era hijo de Helios, el dios del Sol.

Eetes sacrificó el carnero a Zeus y colgó el vellocino de oro en un jardín sagrado, y puso allí un dragón para que lo custodiara. Ésta era la criatura que nunca dormía. Puesto que el carnero era un regalo de Zeus, también el vellocino era un objeto valioso.

Ésa es, en resumen, la historia del Vellocino de Oro.

Volvamos ahora a Jasón, que planeaba su viaje para traer de vuelta este valioso objeto.

Jasón sabía que la Cólquida estaba lejos y necesitaba un barco muy bueno para navegar. Se dirigió a Argos, un experto constructor naval. El navío que construyó era muy fuerte y disponía de excelentes velas y equipo de remo. Se llamó Argo en su honor. Y sí, lo has adivinado: ¡los hombres que navegaban en él pasaron a ser conocidos como los Argonautas!

Cuando el barco estuvo listo, Jasón anunció que necesitaba héroes para navegar hasta la Cólquida. Varios grandes guerreros acudieron y se unieron. Hércules también se unió. Disfrutaba de un poco de tiempo entre sus trabajos y la idea le pareció emocionante.

Jasón tenía ahora una gran tripulación y se hizo a la mar. El primer puerto de escala fue la isla de Lemnos. Jasón no sabía que la Isla estaba poblada sólo por mujeres, a las que se conocía como Amazonas. Habían sido apartadas de sus hombres y vivían solas. Jasón, sin embargo, se las arregló astutamente para abandonar la Isla sin meterse en problemas con las mujeres que vivían allí. (Pelias estaba seguro de que cuando los Argonautas llegaran a Lemnos, las mujeres no les permitirían marcharse. Quizá incluso les matarían. Pero se equivocaba).

A continuación, tuvieron que cruzar los traicioneros estrechos del Bósforo. Los estrechos eran pasos acuáticos angostos, y había rocas a ambos lados del camino que se cerraban de golpe cuando cualquier embarcación intentaba pasar, aplastándola y matando a todos. Jasón fue advertido de ello por un viejo ciego al que había ayudado. El ciego habló a Jasón de un truco que podía utilizar para atravesar el estrecho sin ser aplastado.

Jasón, siguiendo el consejo del anciano, soltó una paloma. La paloma voló a través del estrecho y las rocas se cerraron, pero la paloma consiguió pasar volando. El anciano había dicho a Jasón que si la paloma conseguía atravesar volando, ellos también podrían navegar con éxito y cruzar el estrecho. En cuanto se abrieron las rocas, Jasón ordenó a la tripulación que remara tan rápido como pudiera. El Argo atravesó el estrecho antes de que las rocas pudieran aplastarlo.

Finalmente, los Argonautas llegaron a la Cólquida. Jasón fue al encuentro del rey Eetes, quien, aunque un poco sorprendido de ver a tantos grandes guerreros de visita en su reino, les dio una calurosa bienvenida. Pensó que estaban de paso. Sin embargo, se equivocaba.

Jasón dijo al rey que había venido a tomar el Vellocino de Oro, pues originalmente pertenecía a su antepasado Frixo. El rey reflexionó un momento y dijo a Jasón que estaba dispuesto a entregarle el Vellocino de Oro. Sin embargo, en secreto, pensó en matar a Jasón y a su grupo de hombres, pero se dio cuenta de que otros dioses y héroes podrían volver y destruirlo en venganza. Además, los dioses podrían enfadarse y castigarle. El rey, exactamente igual que Pelias, se decidió ahora a mentir. Tenía un plan que podría impedir que Jasón partiera con el Vellocino.

Llamó a Jasón para que se acercara y le dijo: «Hace mucho tiempo recé a los dioses para que me orientaran sobre el Vellocino de Oro. Los dioses me dijeron que el Vellocino sólo podía ser tomado por alguien dispuesto a emprender tres tareas y completarlas con éxito».

Jasón le creyó y dijo que estaba dispuesto a realizar las tres tareas. Pero el rey aún no había terminado.

«Las tareas tienes que completarlas tú solo. Tus hombres no pueden ayudarte en nada», dijo Eetes, intentando asegurarse de que Jasón fracasaría.

Jasón asintió con la cabeza. No tenía otra opción. Pidió los detalles de las tres tareas.

La primera tarea consistía en domar a dos toros con bocas y pezuñas de bronce, que además respiraban fuego, y usarlos para arar un campo. Estos toros eran muy conocidos y se les llamaba los Bueyes de la Cólquida, o Calcotauros. Eran criaturas feroces, y nadie se atrevía a acercarse a ellos.

«¿Y la segunda tarea?», preguntó Jasón.

«Tengo unos dientes de dragón que deben plantarse en los surcos hechos por el arado. Cuando lo hagas, surgirán del suelo hombres armados. Tendrás que luchar contra ellos y derrotarlos», dijo Eetes con una sonrisa. Se lo iba a poner tan difícil como pudiera.

«La tercera tarea consiste en matar al dragón que custodia el Vellocino y que está enroscado alrededor del árbol del que cuelga el Vellocino», dijo Eetes.

Jasón aceptó con hastío, pero suspiró frustrado.

Sin embargo, las diosas Atenea y Hera estaban escuchando y decidieron intervenir en favor de Jasón. Solicitaron a Afrodita, la diosa del amor, que hiciera que Medea, la hija del rey Eetes, se enamorara de él. Medea, experta en pociones y hechizos, había sido entrenada por Hécate, otra diosa. Una vez que el amor por Jasón floreció en ella, decidió ayudarle.

Por la noche, cuando Jasón vagaba por el palacio, Medea se le acercó para decirle que estaba enamorada de él y que le ayudaría a cumplir las tres tareas.

Le dio a Jasón un ungüento y le dijo que se lo untara por todo el cuerpo. Esto le haría invencible.

Al día siguiente, el rey, la reina, sus hijas y su hijo estuvieron presentes para ver a Jasón comenzar sus tareas.

Jasón esperó a que soltaran a los toros. Se abrieron las puertas y salieron dos toros feroces que respiraban fuego. Jasón esperó pacientemente a que los toros se acercaran a él. Tenía la espada y el escudo preparados. Pero en sus manos tenía un yugo, que era una pieza de madera que sujetaba a los animales a los arados, y un arnés.

Los toros le embistieron, pero Jasón no se movió. Golpeó a uno de los toros con el escudo y apuñaló al otro con la espada. El ungüento que le dio Medea le salvó del fuego que le lanzaban los toros.

Poco a poco, los toros se cansaron y Jasón los sujetó al arado. Pero en cuanto hubo arado el campo y plantado los dientes de dragón, empezaron a surgir guerreros gigantes de la tierra. Sin embargo, Medea le había dicho que la mejor forma de derrotarlos era arrojándoles una gran roca. Jasón agarró una gran roca y la arrojó, haciendo que callera sobre los guerreros. Extrañamente, los guerreros empezaron a luchar entre ellos. Se mataron unos a otros hasta que quedó un solo guerrero en pie. Jasón se acercó a él y le cortó la cabeza de un tajo de su espada. Había terminado su segunda tarea. La multitud que se había reunido para presenciar este espectáculo aclamaba ahora a Jasón y el rey Eetes estaba asustado.

Jasón ya estaba preparado para la última tarea: Derrotar al dragón y apoderarse del Vellocino de Oro.

Jasón entró en el jardín donde se guardaba el Vellocino de Oro y vio al dragón enrollado alrededor del árbol. Medea, que había ido con Jasón, hechizó al dragón y éste quedó paralizado. Medea le puso en la boca un brebaje de flores y hierbas y se durmió. Jasón alargó la mano y tomó el Vellocino de Oro. Juntos, Jasón y Medea se dirigieron al barco que les esperaba y zarparon hacia Yolco.

Jasón asumió la realeza de Yolco y gobernó felizmente durante algunos años.

La historia de Jasón es bastante larga, pero merece la pena leerla, pues contiene varias historias menores. El mito griego es a veces bastante complejo, con muchas tramas menores entrelazadas. Pero las historias, ya sean pequeñas o grandes, son todas fascinantes.

CAPÍTULO 6 - HÉROES IMPORTANTES (PARTE 2)

Dédalo e Ícaro

Dédalo, como recordarás, era un dios y un maestro artesano. Diseñó y construyó numerosos palacios para distintos reyes, incluido un intrincado laberinto para el rey Minos. En este laberinto, Minos mantenía prisionero al Minotauro, y su diseño era tan ingenioso que nadie que entrara lograba salir.

Dédalo y Minos eran grandes amigos, pero con el tiempo, Minos comenzó a sentir disgusto por Dédalo. No se sabe con certeza qué causó el deterioro repentino de su amistad, pero Minos terminó por odiar a Dédalo.

Dédalo reflexionó profundamente hasta que se le ocurrió una idea: construir unas alas artificiales para él y su hijo, que les permitirían volar hacia la libertad. Sin perder tiempo, se puso manos a la obra. Usando ramas de las plantas del laberinto, las tejió en forma de alas. Pero surgió una cuestión importante: ¿cómo fijar las alas al cuerpo?

Dédalo decidió utilizar cera. Fundió la cera y aseguró las alas a su cuerpo, haciendo lo mismo luego con Ícaro. Para probarlas, ambos batieron sus alas y, al ver que funcionaban, decidieron escapar del laberinto volando.

Una vez listos, se lanzaron al aire, dejando Creta atrás mientras volaban sobre el mar. Todo parecía ir bien hasta que Ícaro, lleno de energía juvenil, empezó a volar hacia arriba y hacia abajo, jugueteando en el aire. Dédalo percibió rápidamente el peligro y advirtió a Ícaro que no volara demasiado cerca del sol, ya que el calor podría derretir la cera y hacer que las alas se desprendieran. Sin embargo, Ícaro estaba demasiado entretenido para prestar atención. Continuó con sus maniobras hasta que, tal como Dédalo temía, se acercó demasiado al sol. La cera se derritió, las alas se soltaron, y Ícaro cayó al mar, donde se ahogó. Dédalo, por su parte, logró escapar sano y salvo. Aunque esta historia es bastante trágica, no termina aquí.

El rey Minos se enfureció al descubrir que Dédalo y su hijo Ícaro habían escapado usando unas alas artificiales. Decidió encontrar a Dédalo y castigarlo. Sin embargo, ¿dónde podría estar? Podría encontrarse en cualquier lugar. De repente, a Minos se le ocurrió una idea. Tomó una concha de caracol y se embarcó en una travesía por mar. Anunció que quien lograra enhebrar un hilo a través de la concha recibiría como recompensa grandes riquezas. La tarea consistía en pasar el hilo por un extremo de la concha y hacerlo salir por el otro.

Navegó de ciudad en ciudad y mucha gente intentó enhebrar la concha sin éxito. Minos sabía que sólo el astuto Dédalo sería capaz de hacerlo. Por fin, llegó a la ciudad de Cámico. El rey Cócalo se interesó por el desafío y le arrebató la concha a Minos. Se la llevó a Dédalo, que miró la concha durante un minuto. Luego tomó una hormiga y le ató el hilo. Con miel, atrajo a la hormiga por la curvatura de la concha hasta que salió por el otro extremo.

El rey Cócalo entregó la concha ensartada a Minos, que supo inmediatamente que Dédalo lo había hecho y que estaba allí. Minos amenazó al rey Cócalo con una invasión en toda regla si no le entregaba a Dédalo. El rey pidió un momento y entró a consultar a sus hijas. Sus hijas, al enterarse de lo sucedido, trazaron un plan.

Cócalo fue a ver a Minos y le dijo que Dédalo le sería entregado al día siguiente y que, mientras tanto, debería darse un baño y comer abundantemente. Minos aceptó la oferta. Pero cuando entró en la bañera, las hijas, entrenadas por Dédalo, introdujeron agua muy caliente en las tuberías. Las tuberías estallaron por la presión y Minos murió abrasado. Todo se hizo pasar por un accidente y no se culpó a nadie. Dédalo estaba a salvo.

Edipo y la Esfinge

Edipo era un niño que, tras ser abandonado, fue adoptado y criado por un rey y una reina que no eran sus padres biológicos, pero que lo trataron con todas las ventajas de la realeza.

A Edipo le gustaba pasear, daba largos paseos y vivía de manera sencilla. Una tarde, mientras se encontraba en el campo cerca de la ciudad de Daulis, llegó a una encrucijada con tres caminos diferentes. Mientras dudaba sobre cuál elegir, un carruaje se acercó a gran velocidad. El viejo cochero, gritando y haciendo chasquear el látigo, le pidió que se apartara. Edipo, en un acto impulsivo, agarró el látigo y lo lanzó fuera de la carroza. Al detenerse el carruaje, cuatro hombres armados descendieron y atacaron a Edipo. Con gran destreza, Edipo logró matar a tres de ellos, mientras el cuarto escapó. Después de este enfrentamiento, Edipo arrancó una rama de olivo y empezó a quitarle las hojas, diciendo «camino uno, camino dos, camino tres» con cada hoja que retiraba. La última hoja indicaba el camino dos. Alegre, Edipo tomó el camino señalado sin saber adónde lo llevaría.

Poco después, el camino se convirtió en un sendero de montaña. De repente, escuchó una voz que le advertía:

«¡Yo que tú no iría por ahí!». Edipo se giró y vio a un anciano apoyado en un bastón.

«¿Por qué no?», preguntó Edipo.

«Te diriges al monte Ficio, donde se encuentra la Esfinge. Sería mejor que tomes otro camino», respondió el anciano con dificultad.

Edipo, viendo que el anciano era pobre, le dio una moneda, pero su curiosidad por la Esfinge era mayor. Nunca había oído hablar de ella.

El anciano explicó que la Esfinge había sido enviada como castigo al rey Layo por la diosa Hera.

«Sí, conozco al rey Layo, ¿pero qué es una Esfinge?», preguntó Edipo.

El anciano se inclinó y explicó: «Es una criatura con cabeza de mujer, cuerpo de león y alas de pájaro. Espera a los viajeros y les plantea adivinanzas. Si no responden correctamente, los arroja montaña abajo hacia la muerte. Por eso te aconsejo que tomes otro camino».

A pesar de la advertencia, Edipo no se dejó intimidar. Sabía que tenía habilidad para resolver adivinanzas y decidió continuar. A medida que avanzaba, el sendero se estrechaba y, finalmente, se encontró frente a la Esfinge.

«¡Alto! No puedes pasar», dijo la criatura.

Edipo observó que la descripción del anciano era precisa. «¿Por qué no puedo pasar?», preguntó con valentía.

«Nadie pasa sin responder a mi pregunta. Si aciertas, podrás pasar; de lo contrario…» la Esfinge inclinó la cabeza hacia el precipicio de la montaña.

Edipo aceptó el desafío. «¿Cuál es tu pregunta?», preguntó.

«¿Qué es lo que camina sobre cuatro pies por la mañana, dos pies por la tarde y tres pies por la noche?», preguntó la Esfinge, mirándolo fijamente.

Edipo frunció el ceño y respondió: «El hombre. Cuando es niño, gatea sobre cuatro patas; de adulto, camina sobre dos pies; y en la vejez, usa un bastón, lo que hace un total de tres pies». La Esfinge mostró signos de molestia.

Luego, Edipo hizo una pregunta personal incómoda a la Esfinge, que, furiosa, comenzó a batir sus alas de forma frenética. Aprovechando el momento, Edipo la empujó por el acantilado, matándola.

Al llegar a Tebas, fue recibido con honores por la reina y el pueblo, ya que la Esfinge había sido una gran amenaza. Finalmente, Edipo se casó con la reina, Yocasta, y vivió en Tebas durante un tiempo.

Perseo

Perseo es otro héroe famoso de la mitología griega, hijo de Dánae y Zeus.

Acrisio, el padre de Dánae, estaba furioso por el nacimiento de su nieto con Zeus, así que decidió encerrar a Dánae y al bebé en una caja de madera y lanzarla al mar.

La caja flotó durante un tiempo hasta que Dictis, un pescador de la isla de Sérifos, la encontró en la playa.

Dictis, de corazón bondadoso, cuidó de Dánae y de su hijo, a quien nombró Perseo. Al crecer, Perseo se convirtió en un joven fuerte y apuesto, ¡y no era para menos, siendo hijo de Zeus!

Dánae llegó a saber que Dictis era hermano del rey de Sérifos, Polidectes, aunque vivía en un entorno humilde y era un vulgar pescador.

Polidectes se fue enamorando poco a poco de Dánae y quería quitar de en medio a Perseo para que pudiera ir a visitar a Dánae. A Polidectes se le ocurrió una idea para deshacerse de Perseo.

Polidectes envió invitaciones a todos los reyes y príncipes, invitándoles a acudir a una fiesta y celebrar su intención de pedir la mano de Hipodamia, una princesa. Perseo también fue invitado.

Sin embargo, tenía trampa. El pretendiente que consiguiera la mano de Hipodamia tendría que derrotar a su padre en una carrera de cuadrigas. Polidectes planeaba utilizar esta carrera de cuadrigas como excusa para deshacerse de Perseo.

En el banquete, Polidectes empezó a hablar con Perseo, de quien sabía que era un poco vanidoso y orgulloso.

«Quiero ganar esta carrera de cuadrigas, pero no tengo un buen caballo», dijo despreocupadamente a Perseo.

Perseo no dijo nada. Era consciente de que era pobre.

«Esperaba que me ayudaras dándome tu caballo», dijo Polidectes, sabiendo que Perseo no tenía.

«No tengo caballo, pero haré lo que sea para ayudarte a ganar la carrera», respondió Perseo.

Esto era lo que estaba esperando Polidectes. «¿Cualquier cosa?», preguntó a Perseo.

Perseo asintió.

Polidectes le tendió entonces su trampa. «Bien», dijo. «Me gustaría que me trajeras la cabeza de Medusa, si puedes hacerlo».

Perseo era testarudo y orgulloso, así que accedió inmediatamente a conseguirle a Polidectes la cabeza de Medusa, sin saber quién era Medusa.

Cuando Dánae se enteró de lo que su hijo planeaba hacer, hizo todo lo posible por disuadirle. Le dijo que Medusa era una Gorgona que tenía serpientes por pelo, colmillos por dientes y garras por uñas. Era una criatura aterradora con un arma mortal: sus ojos. Cualquiera que la mirara se convertiría en piedra para toda la eternidad.

Perseo, sin embargo, estaba decidido a ir. Había dado su palabra delante de mucha gente y no estaba dispuesto a faltar a su promesa.

Dictis le aconsejó que no se fiara de nadie y que tuviera cuidado. Advirtió a Perseo de que la tierra firme era un lugar difícil.

Perseo partió y llegó a tierra firme. Lo que vio allí le desconcertó. Vio que la gente iba bien vestida, mientras que él vestía ropas muy ordinarias, lo que le hacía destacar como un extraño. Decidió que necesitaría ayuda si quería encontrar a Medusa, así que acudió al Oráculo de Delfos.

Las palabras del oráculo le generaron muchas dudas   . El oráculo había dicho que Perseo debía viajar a la tierra donde la gente vivía del fruto del roble. Entonces una anciana le dijo lo que significaba.

Le dijo que debía ir a Dodona, donde los árboles pueden hablar. Allí encontraría la respuesta.

Perseo estaba cabizbajo. Aquello era demasiado. Primero el Oráculo de Delfos, ¡y luego árboles que hablan! Pero de todos modos fue a Dodona. Mientras caminaba entre los robles, oyó hablar a alguien. Sorprendido, se detuvo. ¿De verdad podían hablar los árboles?

De repente, un joven salió de detrás de los árboles. Perseo vio que el hombre llevaba sandalias con alas y portaba un bastón con dos serpientes vivas.

«Soy Perseo...», empezó a decir Perseo, pero el joven le detuvo y le dijo que sabía quién era. Esto desconcertó a Perseo. ¿Cómo sabía quién era?

Entonces ocurrió algo aún más extraño. Una hermosa mujer salió de detrás del joven. Llevaba un escudo en la mano.

Perseo se quedó clavado en el sitio, con la cabeza en vilo.

La mujer, que tenía una expresión grave, dijo que estaban allí para ayudar a Perseo en su búsqueda.

«Nosotros también somos hijos de Zeus, como tú», dijo la mujer. Perseo nunca supo que Zeus era su padre, por lo que se sintió desconcertado, pero guardó silencio.

La mujer siguió hablando y le dijo a Perseo que le darían las armas que necesitaba para destruir a Medusa.

El joven pidió a Perseo que se quitara los zapatos. Perseo se los quitó. Para su asombro, descubrió que los zapatos alados del desconocido volaban y se adherían a sus pies.

«Puedes ir adonde quieras con sólo pensarlo», dijo el joven. «Y aquí tienes una capa y una capucha. Mientras la lleves puesta, serás invisible», continuó, entregándole el artículo a Perseo.

La mujer, que permanecía en silencio, se presentó ahora como Atenea, y el joven como Hermes.

Atenea entregó el escudo a Perseo, diciéndole que lo mantuviera muy pulido. A continuación le entregó un arma de hoja corta, parecida a una guadaña, con la orden de que tuviera cuidado. La hoja estaba muy afilada. También le dio una cartera, que desconcertó a Perseo, pero que aceptó amablemente.

Perseo, sin embargo, tenía una pregunta. ¿Dónde encontraría a Medusa? ¿En qué isla vivía?

Hermes y Atenea se negaron a decírselo con exactitud, pero le dijeron cómo encontrarla.

Al parecer, había un trío de hermanas ancianas que vivían en una cueva en Misia. Compartían un solo ojo y un diente, los cuales usaban por turnos para ver y comer. Perseo, con la ayuda de sus sandalias mágicas, llegó a la entrada de la cueva. Usando su manto y capucha para volverse invisible, entró en la oscuridad de la cueva y vio a las hermanas discutiendo sobre el ojo y el diente. Aprovechando la confusión, Perseo se apoderó de ambos objetos. Al darse cuenta de su presencia, las hermanas se enfadaron. Perseo les preguntó dónde podía encontrar a Medusa. Al negarse a responder, Perseo amenazó con arrojar el ojo y el diente al mar. La amenaza surtió efecto y las hermanas revelaron que Medusa vivía en una isla frente a la costa de Libia. Al salir de la cueva, empezó a sobrevolar la costa libia, intentando localizar la isla. Tardó un rato en divisarla. Vio que las tres hermanas Gorgonas dormían. Sólo una tenía serpientes en el pelo. *Ésa debe de ser Medusa*, pensó Perseo.

Perseo vio también varias formaciones rocosas, que comprendió que eran hombres y animales, e incluso algunos niños. Todos eran víctimas de los ojos malignos de Medusa. Sabía que, a toda costa, debía evitar mirarle a los ojos .

Perseo se dejó caer lentamente hasta situarse a unos metros de la Medusa dormida. Sostenía el escudo y la guadaña frente a él, dispuesto a cumplir su cometido. Las serpientes de la cabeza de Medusa empezaron a moverse y a silbar. En cuanto Medusa abrió los ojos, vio su propio reflejo y lanzó un grito. Al instante, Perseo le cortó la cabeza y la metió en la mochila. Luego se alejó volando hacia arriba. Había hecho lo que había venido a hacer.

Pero sus aventuras aún no habían terminado.

Volando hacia su casa, tomó un desvío equivocado y vio a una hermosa doncella encadenada a una roca. Aterrizó junto a ella y le preguntó por qué estaba prisionera. Ella le dijo que se llamaba Andrómeda y que la habían encadenado a la roca como ofrenda de sacrificio.

Perseo, intrigado, le preguntó qué había hecho para merecer tal destino. Ella le dijo a Perseo que era culpa de su madre, que había dicho en voz alta que era más bella que los espíritus del océano, las nereidas y otras.

Perseo dijo que en cierto modo estaba de acuerdo con su madre. Andrómeda le contó entonces que Poseidón, enfadado por este anuncio de su madre, la había encadenado e iba a enviar a un dragón llamado Cetus para que se la comiera. Éste era el sacrificio que exigía. Puesto que Poseidón controlaba los mares, había que hacerlo; de lo contrario, Poseidón había amenazado con detener el paso de todos los barcos.

En ese momento, Andrómeda señaló al mar y dijo: «Ahí viene, Cetus. Ahora debo morir».

Al ver que se acercaba lo que parecía una especie de monstruo, Perseo sacó su guadaña y se zambulló en el mar.

Al cabo de unos minutos, salió a la superficie. Había mucha sangre en el océano. Andrómeda sabía que había matado al monstruo. Perseo voló hasta donde Andrómeda estaba encadenada y la liberó. «Vamos a llevarte a casa», dijo con una sonrisa.

Juntos volaron al palacio de Etiopía, donde Andrómeda fue recibida con gritos de alegría por su madre y su padre. Poco después contrajeron matrimonio.

Tras vivir un tiempo en Etiopía, Andrómeda quiso ver la casa de Perseo. Aunque Perseo le dijo que era una humilde cabaña, ella insistió en que quería ir a vivir allí. Perseo accedió y juntos llegaron a Sérifos, el lugar donde vivía Perseo, y encontraron la cabaña en ruinas. La habían quemado.

No había ni rastro de su madre ni de Dictis. Perseo preguntó y le informaron que Polidectes los había arrestado y llevado a su tribunal. Furioso, Perseo tomó su mochila, que contenía la cabeza de Medusa, y se dirigió a la corte de Polidectes. Se colocó detrás del trono en el que estaba sentado Polidectes y vio que traían a su madre y a Dictis, atados con cuerdas. Perseo esperó el momento oportuno y se adelantó.

Polidectes se alegró al verlo. «¡Vaya, vaya, pero si es Perseo!» exclamó.

Perseo, con calma, le preguntó: «¿Por qué has encarcelado a mi madre y a Dictis?»

Polidectes, enfurecido, respondió: «Se suponía que tu madre iba a casarse conmigo. Pero en lugar de eso, se casó con ese mendigo de Dictis. Y ahora ambos morirán».

Perseo pidió en voz alta a su madre, a Dictis y a todos los presentes en la corte que no lo miraran y que mantuvieran la vista fija en Polidectes. Luego, dijo: «Querías la cabeza de Medusa, aquí la tienes».

Sacó la cabeza de la mochila y se la mostró a Polidectes. La maldición de Medusa hizo su efecto.

Lo que ocurrió a continuación fue asombroso y aterrador: Polidectes y sus guardias se convirtieron en estatuas de piedra. Así llegó al fin el reinado de Polidectes.

Se dice que Perseo y Andrómeda vivieron felices durante muchos años.

CAPÍTULO 7 - EL ORÁCULO DE DELFOS Y OTRAS HISTORIAS

El Oráculo de Delfos

Este oráculo era muy importante para los griegos. Reyes, dioses, diosas y mortales corrientes acudían al oráculo para obtener respuestas a sus problemas. El templo de este oráculo estaba en Delfos. ¿Cómo llegó a estar en Delfos, y de dónde salió todo esto del oráculo? He aquí una historia.

¿Te acuerdas de Apolo? ¿El dios de la lira? Pues bien, además de ser un dios de muchas cosas, también era un excelente arquero, y sus flechas nunca erraban el blanco.

En esta historia nos encontramos de nuevo con la diosa Hera, esposa de Zeus, la cual era una mujer sumamente celosa. Cuando se enteró de que Zeus tenía dos hijos de otra mujer, se enfureció. Los dos hijos eran Apolo y Artemisa. Estos se escondieron en una isla. Hera se enteró y decidió matarlos. Suena bastante cruel, pero así fue.

Retrocedamos un poco. Rea, esposa de Cronos, le dio a su marido una piedra en lugar del recién nacido Zeus. Cronos, engañado, se tragó la piedra pensando que era su sexto hijo. Como recordarás, Zeus le dio a Cronos una poción que lo hizo vomitar a sus hermanos, junto con la piedra que se había tragado. Esta piedra fue arrojada por Zeus y cayó en un lugar llamado *Pytho*, el cual se convirtió en un sitio sagrado. Para proteger la piedra y el lugar, Gea, la diosa madre, hizo surgir una gran serpiente llamada Pitón, en referencia al nombre del lugar. Las serpientes conocidas como pitones, que aún existen, son enormes y pueden tragar a sus presas enteras. La presencia constante de la serpiente Pitón hacía que nadie se atreviera a acercarse, ya que el lugar era extremadamente peligroso.

Hera, enfadada, ordenó a la serpiente Pitón que matara a Apolo y Artemisa. Zeus, que amaba a sus hijos, alertó a Apolo sobre el plan de Hera.

Para protegerse a sí mismo y a su hermana, Apolo necesitaba un arma poderosa. Pitón no era una serpiente común, así que envió un mensaje a Hefesto, el maestro en la creación de armas mágicas. Hefesto trabajó durante varios días y forjó un magnífico arco y flechas de oro, que entregó a Apolo.

Armado con estas poderosas armas, Apolo se dirigió hacia Pitón y esperó su aparición. Cuando la serpiente apareció, Apolo, con una puntería impecable, le disparó una flecha en el ojo. Mientras la serpiente se retorcía en el suelo, moribunda, Apolo la maldijo: «Muere y púdrete aquí para siempre».

Aunque la serpiente se descompuso, su cadáver, creado por la diosa Gea, formó una sima. De esta sima emanaban vapores que inducían a las personas a un trance en el que podían predecir el futuro. Apolo, en honor a la victoria, cambió el nombre de Pitón por Delfos.

Cuando se descubrió que los vapores provocaban visiones proféticas, Delfos se convirtió en un lugar muy famoso. Se construyó un templo y se designó a una sacerdotisa, llamada Pitia, para responder a las preguntas de los visitantes en estado de trance.

Sin embargo, no todas las respuestas de la sacerdotisa eran claras, y a menudo se necesitaba otro sacerdote o un sabio para interpretar el mensaje. (Por ejemplo, Perseo enfrentó el mismo problema hasta que una anciana le explicó el significado de la profecía). En ocasiones, el oráculo no respondía en absoluto, lo que enfurecía a muchos. Hércules, conocido por su temperamento fuerte e impaciente, comenzó a destruir el templo al no obtener respuestas. Apolo tuvo que intervenir para detenerlo.

Sin embargo, Apolo tenía otro problema. ¿Cómo conseguiría que la gente trabajara en el templo? La limpieza y la vigilancia eran cosas que se necesitaban con urgencia. El lugar donde había construido el templo estaba desierto. No había nadie en los alrededores a quien pudiera contratar para esta tarea. De repente, vio a lo lejos un barco tripulado por cretenses. Apolo se transformó inmediatamente en delfín y persiguió al barco. Cuando lo alcanzó, saltó a bordo. Los cretenses estaban aterrorizados, sobre todo cuando se dieron cuenta de que habían perdido el control de su nave y que ésta daba media vuelta y se dirigía en otra dirección. Entró en el mar de Corinto y encalló en las costas de Crisa. Apolo se transformó en su forma divina y dijo a los marineros que no tuvieran miedo.

Apolo pronunció entonces su voluntad.

«Nunca más retornarán a su patria. Se quedarán aquí y custodiarán el templo. Los honores y la riqueza serán suyos. Todo lo que se me ofrezca, lo tendrán ustedes», dijo Apolo a los asustados marineros, que se limitaron a asentir.

«Y puesto que me vieron primero como delfín, a partir de ahora se dirigirán a mí como *Delfinio*».

Apolo había resuelto su problema. Los cretenses hicieron lo que se les dijo y el templo tuvo los cuidadores que necesitaba.

Con el tiempo, el oráculo se hizo famoso y ningún dios o rey hizo nunca nada sin una profecía del Oráculo de Delfos. Este oráculo ya ha aparecido en varias de estas historias.

Zeus, Hades y Perséfone

Zeus, como ya sabes, era el señor de todo lo que existía sobre la Tierra. Sin embargo, el señor del Subsuelo, o Inframundo, era Hades, quien gobernaba junto a su reina, Perséfone. Hades y Zeus eran hermanos.

Deméter, la diosa del crecimiento en la Tierra, controlaba el florecimiento de los árboles, las cosechas y las flores. Su hija, Perséfone, también contribuía a la abundancia de la Tierra, haciendo florecer las flores con solo su presencia.

Un día, mientras Perséfone jugaba en un jardín, la tierra se abrió y un carruaje surgió del suelo. Antes de que pudiera hacer nada, el conductor del carruaje, Hades, la agarró y el carruaje desapareció en la grieta. Instantes después, la grieta se cerró sola. Perséfone había desaparecido sin dejar rastro. Con el paso de los meses, una angustiada Deméter estaba tan ocupada buscando a su hija que descuidó sus deberes como diosa de los cultivos y las cosechas. La Tierra empezó a sufrir hambruna. Nada crecía y pronto, esta noticia llegó a Zeus.

Deméter buscó por todas partes, pero no encontró ni rastro de su hija. Zeus, que ya se había dado cuenta del peligro, reunió al consejo. Estaba enfadado porque nadie le había hablado de la misteriosa desaparición de Perséfone.

«¡Y parece que ninguno de ustedes sabe dónde está! ¿Qué clase de dioses son ustedes?», gritó, perdiendo los estribos. Los dioses guardaron silencio.

Un día, en la reunión del consejo, Helios, el dios del sol, dijo de repente: «Sé lo que le ha pasado a Perséfone».

Zeus se volvió hacia él. «¿Lo sabes y aun así no nos lo has dicho?».

Helios respondió en tono ofendido. «Nadie me lo ha preguntado. Todos creen que no sé nada».

«Bueno, ¿dónde está entonces?», preguntó Zeus furioso.

«Hades se la llevó a su palacio», dijo Helios.

Zeus estaba ahora realmente furioso. Decidió ir al Inframundo y enfrentarse inmediatamente a Hades.

Cuando llegó al Inframundo, Zeus se dirigió a Hades y le exigió una explicación. También quería el regreso de Perséfone sin demora.

«¡En la Tierra hay hambruna y la gente se muere de hambre! ¿Qué crees que hacías secuestrando a Perséfone?», dijo Zeus.

Hades se negó. «La amo y se quedará conmigo».

Esto enfureció aún más a Zeus. Amenazó a Hades. «Aún no conoces mi poder. Pediré a Hermes que no lleve más almas a tu Inframundo. Si es necesario, todos los mortales se volverán inmortales. No tendrás almas con las que lidiar. Te convertirás en el hazmerreír de los dioses. ¿Qué harás entonces?».

Hades sabía cuándo le vencían. Pero Hades era el señor del Inframundo y aún guardaba un as en la manga.

«Te la devolveré mañana. Deja que se quede un día más», suplicó Hades.

Zeus accedió y regresó feliz.

Cuando Zeus se hubo marchado, Hades fue a la habitación de Perséfone y le contó lo que había sucedido y que debía volver a su casa.

Hades sacó entonces unos granos de granada y pidió a Perséfone que comiera algunos. Perséfone cogió seis granos y empezó a comerlos. Hades la observaba con ojos brillantes.

Al día siguiente llegó Hermes para llevarse a Perséfone de vuelta al mundo natural. Hades llamó a Hermes y le dijo: «Puedes llevártela, pero ha comido el fruto del Inframundo, así que debe volver aquí. Ha comido seis semillas, por lo que debe venir aquí conmigo durante seis meses cada año. Los otros seis meses puede pasarlos en la superficie».

Hermes sabía que era cierto. Aceptó, y tras tomar a Perséfone, se marchó.

Así comenzó el ciclo de regeneración de las plantas y las estaciones. Cuando Perséfone estaba en la superficie, todo crecía y la Tierra era fructífera. Pero cuando regresaba al Hades, los árboles se despojaban de sus hojas y el invierno detenía el crecimiento de las cosechas.

La naturaleza contenía la respiración, esperando el regreso de Perséfone.

Belerofonte y Pegaso

Nadie sabe con certeza quién era el padre de Belerofonte. Algunos mitos dicen que fue Poseidón, pero Belerofonte fue criado por Glauco, rey de Corinto. Su madre era Eurínome.

Belerofonte creció siendo, como todos los dioses, fuerte y apuesto. Tenía una característica especial: le encantaban los caballos.

Belerofonte nunca vio que los dioses hicieran milagros o lanzaran rayos en Corinto. Sólo era una ciudad muy ajetreada con mucha gente normal.

Pero un día oyó algo que llamó su atención. Tenía 14 años y una curiosidad como la de los demás jóvenes. Corría el rumor de que la gente había visto un caballo blanco que tenía alas y podía volar. Al oír los rumores, Belerofonte intentó encontrar a alguien que hubiera visto realmente a esta criatura milagrosa, pero no lo consiguió. Descartó los rumores como fantasía. Pero esto iba a cambiar pronto.

Belerofonte se enteró de que algunos corintios decían que el caballo volador se encontraba realmente en una zona a las afueras de Corinto. El caballo había sido visto bebiendo de un manantial de agua natural en un lugar llamado Pirene. Belerofonte decidió ir a Pirene y comprobarlo por sí mismo.

Cuando llegó a Pirene, Belerofonte se acercó al manantial y se encontró con unas personas que estaban por allí. Cuando les preguntó por el caballo, le respondieron que había huido en cuanto los oyó acercarse. Era un animal muy tímido. Belerofonte decidió esconderse cerca de la fuente y esperar. Quizá el caballo volvería, si es que realmente existía.

Al cabo de un rato, Belerofonte se quedó dormido, pero le despertó un suave sonido. Levantó con cuidado la cabeza y miró hacia el manantial. Vio el caballo: ¡un caballo blanco con alas! Belerofonte miró atentamente para ver si las alas estaban unidas al caballo con cera o algo similar. No era una broma: el caballo tenía alas de verdad.

Belerofonte intentó acercarse sigilosamente al caballo y acariciarlo. Pero los caballos tienen un sentido agudo, y antes de que Belerofonte pudiera acercarse, galopó, desplegó las alas y se fue volando. Belerofonte se quedó mirando asombrado. « Debo tener ese caballo», se dijo mientras volvía a casa.

A medida que pasaban los días, Belerofonte intentó todo tipo de trucos para que el caballo se le acercara, pero nada parecía funcionar. Su madre se dio cuenta de que algo molestaba a su hijo y llamó al vidente Poliído.

Poliído se acercó a Belerofonte y le preguntó qué le ocurría. Belerofonte, tras muchas vacilaciones, se lo contó. El vidente sonrió y dijo que le diría cómo triunfar. Belerofonte se mostró escéptico, pero escuchó. Sabía que Poliído tenía el poder de la profecía.

«Debes ir al templo de Atenea, tumbarte en el suelo y pedir su ayuda. Ella te ayudará sin duda. No hay otro camino», dijo el vidente.

Belerofonte dudó. No creía en dioses que hicieran simples favores o milagros. Pero Poliído era un profeta y sus palabras no podían tomarse a la ligera.

Belerofonte partió hacia el templo de Atenea. Al llegar, se tumbó en el suelo siguiendo las indicaciones de Poliído y esperó.

Entonces oyó una voz. «Belerofonte, ¿quieres montar el caballo blanco? Es más tímido que cualquier caballo».

Belerofonte asintió con la cabeza, sin saber si el gesto era visible para quien hablaba. Entonces vio la imagen de Atenea ante él y se quedó asombrado. ¡Así que los dioses y las diosas existían de verdad!

«Sólo la brida de oro te permitirá montarlo. Llévatela contigo», dijo la diosa antes de desaparecer.

Belerofonte se levantó y se rascó la cabeza. No tenía brida de oro. ¿De qué estaba hablando la diosa?

Entonces vio un fardo en el suelo y lo recogió. ¡Dentro había una brida de oro!

«Los milagros suceden de verdad», pensó Belerofonte.

Feliz, se llevó la brida a casa, agradeció a Poliído su consejo y se preparó para montar a Pegaso.

Belerofonte fue a la fuente donde sabía que Pegaso acudía a beber agua y esperó.

Pegaso llegó como de costumbre y bebió del manantial. Belerofonte, con la brida dorada en la mano, se acercó lentamente, emitiendo sonidos tranquilizadores. Pegaso parecía nervioso, pero no huyó ni voló. Belerofonte extendió la mano, acarició al caballo y le colocó la brida. De un salto, estaba a horcajadas sobre Pegaso. A su orden, el caballo echó a correr lentamente y, desplegando las alas, voló hacia el cielo.

Belerofonte estaba extasiado de alegría mientras contemplaba Corinto.

Después de volar durante algún tiempo, Belerofonte guio a Pegaso hasta los terrenos del palacio y aterrizó allí ante el asombro de todos. Mucha gente acudía a ver este milagro de un caballo volador.

Belerofonte y la Quimera

El rey de Licia, Yóbates, deseaba la muerte de Belerofonte. La razón es algo complicada y no forma parte de esta historia. Esta parte trata de cómo Belerofonte mató a la temida Quimera, un monstruo feroz que se suponía inmortal.

Belerofonte sabía muy bien que para vencer a una criatura como la Quimera necesitaba una lanza especial. Así que acudió a un buen herrero y se hizo diseñar una lanza especialmente para él.

Sentado a horcajadas sobre Pegaso, Belerofonte partió en busca de la Quimera. Mientras volaba, se dio cuenta de que grandes extensiones de tierra estaban ardiendo. Los incendios solían ser frecuentes, así que Belerofonte no les prestó atención. Pero el humo arremolinado de los incendios dificultaba la visión del suelo. Entonces vio a un ciervo que corría para salvar la vida y era perseguido por lo que parecía un león, pero no era exactamente un león. Tenía cuerpo y cabeza de león, pero encima tenía cabeza de cabra, con cuernos que le sobresalían de la espalda, ¡y la cola era una serpiente! Escupía fuego por la boca. Belerofonte nunca había visto una criatura semejante. Le disparó varias flechas, sin resultado. Entonces guio a Pegaso hacia abajo y, cuando la criatura abrió la boca y empezó a escupir fuego, lanzó la lanza directamente a la boca de la criatura y se la metió por la garganta.

La criatura empezó a gruñir, a chillar y a rodar por el suelo. Instantes después, estaba muerta. Belerofonte había hecho que la lanza fuera de plomo. En cuanto la lanza penetró en el cuerpo del león, el plomo empezó a derretirse por el aliento ardiente de la criatura, matándola.

Belerofonte cortó la cabeza de la Quimera y se la llevó a Yóbates, a quien no le hizo ninguna gracia ver una cabeza de león medio quemada en su salón del trono.

Orfeo y Eurídice

Orfeo es conocido como el dios del buen humor, la diversión y la música. Su canto era tan bello que hipnotizaba a la gente. Orfeo amaba mucho a su esposa Eurídice, y cuando ésta murió por la mordedura de una serpiente y su alma se fue al Inframundo, él se sintió muy triste. Dejó de cantar y se limitó a pasear con un aire infeliz a su alrededor.

Un día se le acercó Apolo, su padre, y le preguntó cuánto tiempo iba a estar deprimido.

Orfeo no respondió. Apolo volvió a preguntarle. Esta vez Orfeo dijo que sería feliz si recuperaba a su esposa Eurídice. Apolo se quedó pensativo un rato y luego dijo: «En ese caso, ¿por qué no vas y la traes de vuelta?».

Orfeo se quedó asombrado. «¿Cómo podría hacerlo? Nadie que vaya al Inframundo vuelve vivo», dijo.

«Quizá puedas», respondió Apolo.

«¿Cómo?», preguntó Orfeo, un poco sorprendido.

«Utiliza el poder de tu música», respondió Apolo.

Orfeo se incorporó. ¿Podría hacerse?

Decidió intentarlo.

Orfeo sacó su lira, que estaba en desuso, y restauró el instrumento.

Luego trazó un plan. Sabía que había dos obstáculos para entrar en el Inframundo. El primero era Cerbero, el monstruo que custodiaba sus puertas, y el segundo era el barquero Caronte, que dirigía la barcaza al Inframundo.

Orfeo emprendió su viaje. Cuando llegó a las puertas, vio a Cerbero dispuesto a abalanzarse sobre él. Empezó a tocar la lira y a cantar. Cerbero quedó hipnotizado por la canción y se durmió lentamente. Orfeo pasó junto a él y llegó a la barcaza. Allí vio a Caronte. Antes de que Caronte pudiera protestar, empezó a cantar. Caronte también quedó hechizado y lo llevó remando hasta la entrada del Inframundo.

Orfeo, cada vez más seguro de sí mismo, entró en el Inframundo. Allí empezó a cantar serenatas a los diversos monstruos que custodiaban el lugar.

Al oír el alboroto, aparecieron Hades y su esposa Perséfone.

«¿Qué hace aquí un ser mortal con vida?», preguntó furioso Hades.

«He venido a llevarme a mi esposa de vuelta al mundo de los vivos», dijo Orfeo.

«¿No sabes que eso es imposible?», replicó Hades.

Perséfone, que estaba escuchando, habló con Hades.

Mientras tanto, Orfeo podía ver a su esposa en forma de espíritu.

Hades anunció entonces que permitiría a Orfeo cantar una canción y, si estaba contento, le permitiría llevarse a su mujer de vuelta al mundo de los vivos.

Orfeo cantó y Hades y Perséfone quedaron embelesados por la música.

Hades accedió y la dejó marchar. Orfeo y su esposa Eurídice empezaron a caminar hacia las puertas y de vuelta al mundo de los vivos.

Zeus y su Dolor de Cabeza

El gran Zeus tenía dolor de cabeza. No un dolor de cabeza corriente, sino uno muy intenso y doloroso. Vagaba por su palacio gritando y chillando, con las manos apretadas contra los lados de la cabeza. Nadie sabía qué hacer. Incluso hubo quien pensó que había estallado de nuevo la guerra.

Mientras Zeus aullaba de agonía, Prometeo llegó al palacio. Contempló a Zeus, se volvió hacia Hefesto y le habló en voz baja.

Hefesto se apresuró a marcharse.

Lo que en realidad sucedía en la cabeza de Zeus era lo siguiente:

Metis, que vivía dentro de su cabeza, estaba forjando y fabricando objetos de metal. Éstos necesitaban ser martillados. El material para estos objetos procedía de los minerales presentes en los alimentos que Zeus comía cada día. No era de extrañar que Zeus sintiera que se le iba a abrir la cabeza.

Prometeo sabía que Metis estaba dentro de la cabeza de Zeus.

Al cabo de un rato, Hefesto regresó de su herrería con una gran hacha. Prometeo pidió entonces a Zeus que se arrodillara y bajara la cabeza en señal de oración. Zeus se arrodilló y bajó la cabeza. Entonces Hefesto levantó el hacha y, de un solo golpe, abrió la cabeza de Zeus. Todos los dioses y diosas presentes se quedaron atónitos. También temían cómo Zeus pudiera reaccionar.

Pero entonces empezó a suceder algo extraño.

Del interior del cráneo partido empezó a surgir una figura. Era una figura femenina vestida con una armadura completa. Salió de la calavera y se puso delante del Zeus arrodillado. Se dirigió a él como padre.

Como por arte de magia, la calavera partida se cerró y volvió a estar completa. Zeus se levantó y reconoció a su hija Atenea.

¿Cómo la Abeja Obtuvo su Aguijón?

En los cielos se anunció el matrimonio de Afrodita y Hefesto. Zeus organizó un gran banquete e invitó a casi todos los dioses y diosas. Para darle un toque especial, Zeus propuso una competición: el que preparara el plato nupcial más original y delicioso recibiría un favor divino. Los asistentes presentaron una gran variedad de manjares, y el banquete fue todo un festín. Al concluir las celebraciones, llegó el momento de elegir el mejor plato. Zeus comenzó a probar las distintas opciones y, al final, llegó a la mesa de una pequeña criatura alada llamada Melisa, que tenía un tarro con una sustancia viscosa. Zeus probó un poco con el dedo y descubrió que tenía un sabor exquisito. Sin dudarlo, la declaró ganadora. La criatura le reveló que se trataba de miel.

Zeus se enojó cuando Melisa pidió tal bendición, pero después de reflexionar un momento, decidió que facilitaría su tarea de recolección de miel. A partir de entonces, Melisa contaría con ayudantes para recoger la miel y sería la reina de las abejas. Además, Zeus le concedió un aguijón, que desde entonces poseen todas las abejas. Melisa se alegró mucho de que su deseo se hubiera hecho realidad. Por cierto, en griego, la abeja melífera aún se llama «mélissa».

La Leyenda de las Musas

Según el mito, había nueve musas: Clío, Euterpe, Talía, Melpómene, Terpsícore, Erato, Polimnia, Urania y Calíope.

En un principio se encargaban de varias cosas, pero en última instancia se decía que gobernaban la música y la poesía. Servían de inspiración a los aspirantes a artistas y poetas.

Las Musas eran las compañeras constantes de Apolo, que era adicto a la música, como ya sabes. Se las describía como mujeres jóvenes de rostro sonriente, aunque a veces grave y pensativo.

Sus ofrendas eran miel, agua y leche.

Nadie sabe con certeza de dónde procedían las Musas, ni quiénes eran sus padres. Algunos mitos dicen que eran hijas de Urano y Gea.

Las Musas vivían lejos del ajetreo de la vida normal. Preferían la paz y la tranquilidad de una montaña llamada Helicón. Las laderas de esta montaña estaban cubiertas de plantas y flores perfumadas que las Musas adoraban. Allí bailaban y cantaban. La montaña también tenía varios manantiales de agua dulce, y cualquiera que bebiera sus aguas se sentiría inspirado para escribir grandes poesías. Por la noche, las Musas se envolvían en nubes y flotaban cerca de las viviendas. El pueblo y los dioses oían cantar sus bellas voces.

Se dice que las Musas eran las guardianas del Templo de Delfos.

CAPÍTULO 8 - MÁS DIOSES, DIOSAS Y HÉROES

En este capítulo hablaremos de algunos dioses, diosas y héroes menores que, aunque no eran tan conocidos como los famosos, eran importantes a su manera. También ellos desempeñaron papeles importantes en la vida de los dioses y del pueblo.

Temis

Entre los dioses y diosas menores, Temis era importante. Temis era hija de Urano y Gea, las divinidades originales del universo. Pertenecía a los dioses llamados Titanes y, a pesar de la derrota de éstos, fue respetada y acogida en la corte de los olímpicos. Tenía fama de sabia y aconsejaba a varios dioses.

Cuando Rea quiso esconder a su sexto hijo para que Cronos no se lo tragara, Temis la aconsejó, le quitó al niño y lo entregó al lugar donde estaría a salvo.

Sobre todo se la conoce como la diosa de la justicia. Fue ella quien entregó el Oráculo de Delfos, que había heredado de su madre Gea. Se la conocía como la consejera de todos y era famosa por su imparcialidad y juicio.

Iris

Se dice que Gea también es la madre de Iris. El mito dice que era la diosa del arco iris y, como Hermes, mensajera de los dioses. Zeus la utilizaba especialmente para enviar sus mensajes cuando Hermes no estaba disponible. Cuando Zeus quería enviar un mensaje a los demás dioses, enviaba a Iris. Cuando el mensaje era para los mortales de la Tierra, Iris descendía a la Tierra, adoptaba una forma mortal y entregaba el mensaje.

Se decía que ella volaba con alas que le surgían de los hombros y, en ocasiones, usaba sandalias aladas similares a las de Hermes. Sorprendentemente, ¡era tan rápida en el agua como en el aire! Su increíble poder se hizo evidente cuando, a petición de Zeus, se sumergió en el océano y descendió al Inframundo para llenar una copa de oro con agua del río Estigia. Como todos saben, llegar al Inframundo no es tarea fácil, ya que se encuentra en lo más profundo de las entrañas de la Tierra. Esto ilustra claramente cuán poderosa era.

Helios

En la mitología griega, Apolo es conocido como el dios de la luz solar, pero el verdadero dios del sol era Helios. La historia es la siguiente: cada mañana, Helios emergía del este, saliendo de un pantano. Montaba un carruaje de oro, elaborado por Hefesto, el maestro del metal. Este carruaje era tirado por caballos alados, de un blanco resplandeciente, que respiraban fuego, haciendo que su aspecto fuera realmente impresionante. Esto se debía a que Helios, el radiante dios del sol, brillaba con un esplendor natural.

Desde su carruaje, Helios recorría los cielos, iluminando todo a su paso. Imagina el amanecer mientras surcaba el cielo. Al mediodía, cuando alcanzaba el punto más alto, comenzaba su descenso. Al atardecer, parecía sumergirse en el océano, aunque en realidad aterrizaba en una copa de oro donde le esperaba su familia. Luego, navegaba con la copa hacia el este, hasta llegar a su hogar. Así comenzaba el ciclo de salida y puesta del sol cada día.

Otro aspecto interesante es que Helios tenía un conocimiento completo de todo lo que sucedía en el universo; nadie sabía tanto como él.

Eos

Mientras que Helios era el dios del sol, Eos era la diosa del amanecer, ese suave resplandor de luz que se ve justo antes de que salga el sol. Todas las mañanas se elevaba en el cielo, vestida con túnicas azafranadas y con una antorcha en la mano. La suave luz del amanecer era obra suya. Anunciaba la llegada del día y la salida de Helios, el dios del Sol.

Odiseo

Este personaje de la mitología griega es famoso por una historia en la que intervienen las sirenas. Odiseo emprendía un viaje cuando una hechicera llamada Circe le advirtió de la presencia de las Sirenas. Ella le dijo a Odiseo que nunca fuera a la isla donde vivían estas criaturas. Estas peligrosas criaturas cantaban tan bien que la mayoría de los hombres eran incapaces de evitar ir a la isla. Si Odiseo iba, sería torturado por las Sirenas y finalmente asesinado y devorado. Odiseo lo tuvo presente y esto salvó su vida y la de su tripulación.

Cuando se acercaba a la isla donde vivían las Sirenas, Odiseo pidió que lo ataran al mástil de su nave. Luego puso cera en los oídos de su tripulación.

Cuando se acercó al islote rocoso donde vivían las Sirenas, las vio. Eran criaturas extrañas, mitad mujer y mitad pájaro.

Luego oyó su canto. La hechicera tenía razón. Si Odiseo no hubiera estado atado al mástil, no habría podido resistirse al canto y habría ido al islote. Tal era el poder de la música que producían las sirenas.

Los miembros de la tripulación, como era de esperar, no pudieron oír nada, y la nave pasó el islote sana y salva.

Más adelante, cuando las Sirenas intentaron su truco con el navío Argo, que llevaba a Jasón y su tripulación, Orfeo, que estaba a bordo, comenzó a cantar con una belleza tal que las Sirenas se quedaron en silencio. Se cuenta que, tras este evento, las Sirenas perdieron su habilidad para cantar y se transformaron en rocas.

Pandora

Pandora no era una diosa griega ni tenía una naturaleza divina, pero jugó un papel crucial en la vida de los mortales. La historia comienza cuando Prometeo robó el fuego de la fragua de

Hefesto y lo entregó a los humanos, enseñándoles también a utilizarlo.

Esto enfureció a Zeus, quien, a pesar de su amor por Prometeo, se sintió traicionado. Además, le preocupaba que, con el poder del fuego en manos de los mortales, estos ya no necesitaran a los dioses y dejaran de hacerles ofrendas. Esto significaba que todo lo bueno que provenía de esas ofrendas desaparecería, lo cual no era aceptable para Zeus.

Como castigo, Zeus ordenó encadenar a Prometeo a una roca, pero hay otro aspecto importante de la historia que debes conocer. Prometeo tenía un hermano llamado Epimeteo, quien no era tan sabio como él. Antes de encadenar a Prometeo, Zeus convocó a Hefesto, el dios capaz de realizar prodigios con sus manos.

«Fórmame una hermosa mujer de barro», ordenó a Hefesto.

«Sí, mi Señor», respondió Hefesto, preguntándose qué tenía Zeus en mente.

Hefesto volvió a su taller y modeló en arcilla la figura de una mujer de exquisita belleza. Afrodita le insufló vida. Todos los demás dioses y diosas colaboraron y le regalaron joyas y otros ornamentos.

Entonces Zeus la llamó: «Te daré una vasija con la tapa sellada. Debes llevártelo a la tierra de los mortales. Pero nunca la abras».

Zeus llamó Pandora a la bella mujer y la envió junto a Epimeteo.

Prometeo sabía que su hermano no era muy inteligente y siempre hacía las cosas sin pensar. Antes de partir hacia tierras lejanas para enseñar a los mortales el uso del fuego, había advertido a Epimeteo que no aceptara ningún regalo que Zeus pudiera enviarle. Prometeo sabía que Zeus iba a intentar castigarle por robar el fuego. Temía que Zeus tomara como objetivo a Epimeteo, y tenía razón.

Pandora apareció ante Epimeteo, traída a él por Hermes. Epimeteo se enamoró de ella inmediatamente.

Epimeteo se casó con ella y empezaron a vivir juntos. Pandora guardó la vasija sin abrirla, pero a menudo se preguntaba qué habría en su interior.

Un día no pudo resistir su curiosidad y fue a abrir la tapa de la vasija. De él salieron volando la enfermedad, la ira y todas las cosas desagradables que sufren los mortales incluso hoy en día.

Al ver que salían cosas feas, volvió a poner la tapa rápidamente, pero ya era demasiado tarde. Todas las asquerosidades se habían escapado y empezaron a extenderse por todo el mundo.

Zeus había sabido desde el principio que Pandora abriría la tapa de la vasija.

Pandora estaba muy triste y Epimeteo comprendió demasiado tarde por qué Zeus le había enviado a Pandora. Se preguntó qué diría Prometeo cuando volviera.

Cadmo, en la mitología griega, el fundador de Tebas, una de las ciudades más famosas de la antigüedad.

Cadmo y la Ciudad de Tebas

En la mitología griega, la ciudad de Tebas tenía una gran relevancia, y su fundación está rodeada de una fascinante historia. Cadmo, el héroe de esta narración, provenía de la ciudad de Tiro. Cuando su hermana Europa desapareció, sus padres le enviaron a buscarla y traerla de vuelta.

Cadmo partió acompañado de Harmonía, una mujer inteligente y hermosa que había conocido en Samotracia, así como de un grupo de seguidores. Mientras buscaban a Europa, Cadmo decidió que necesitaba consejo y se dirigió al Oráculo de Delfos. En ese momento, Cadmo ya era famoso por haber creado el alfabeto, lo que permitió a la gente comunicarse más fácilmente y cantar sus alabanzas. Además, era conocido por sus proezas atléticas.

Cuando llegaron al templo de Delfos, Cadmo entró y formuló la pregunta cuya respuesta buscaba.

«¿Cómo puedo encontrar a mi hermana?» preguntó Cadmo al oráculo. Como de costumbre, la respuesta fue vaga.

El oráculo dijo que Cadmo debía seguir a una vaca con una marca de luna creciente en el lomo hasta que se tumbara agotada. En el lugar donde la vaca se tumbara, Cadmo debía construir.

Eso era todo. Cadmo estaba totalmente desconcertado por la profecía. No tenía ni pies ni cabeza. ¿Qué vaca? ¿Construir qué? Buscaba a su hermana, eso era todo. Molesto, se alejó del oráculo. Ni siquiera Harmonía era capaz de descifrar aquel extraño mensaje. Continuaron su camino, aún sin saber dónde buscar a Europa. El oráculo no había sido de ninguna ayuda.

El templo de Delfos estaba situado en una región llamada Fócida. El rey de Fócida, Pelagonte, al enterarse de que el famoso Cadmo se encontraba en su región, le envió una invitación para que fuera a descansar un rato en el palacio real. El cansado Cadmo, Harmonía y su banda de hombres aceptaron agradecidos.

Después de comer, Cadmo y Harmonía paseaban juntos por los terrenos del palacio cuando el padre de Pelagonte se les acercó de repente. Estaba un poco borracho. Les dijo que quería que Cadmo participara en un acontecimiento deportivo local que iba a empezar al día siguiente. Resultó que el rey también quería que Cadmo participara.

Era sólo un torneo local y Cadmo ganó la mayoría de las pruebas con facilidad. El rey, que no era muy rico, no sabía qué regalarle. Un rato después, llegó uno de los esbirros del rey con una vaca a cuestas. El rey pidió a Cadmo que aceptara la vaca como regalo. Los cortesanos y el público se rieron de tan tonto premio. Pero fue Harmonía quien vio de repente el significado de la vaca.

«¡Mira Cadmo, la vaca!», dijo señalando emocionada al animal.

«Sí, ya lo veo. Es una vaca. ¿Y qué?», respondió Cadmo, algo molesto.

Harmonía seguía tirando de la mano de Cadmo. «¡Sí, pero mira la marca que tiene en el lomo!».

Fue entonces cuando Cadmo vio la marca de la luna creciente en el lomo de la vaca.

«¡Vaya!», exclamó Cadmo, dándose cuenta de que aquél era el animal del que había hablado el oráculo.

La vaca, mientras tanto, había empezado a alejarse. Cadmo agradeció rápidamente al rey su magnífico regalo y, junto con Harmonía, se puso en marcha tras el animal. Su séquito de hombres le siguió.

Cadmo y Harmonía siguieron al animal por laderas y valles. Cadmo ya estaba un poco harto de todo aquello. ¿Adónde se dirigía la vaca y por qué no se detenía a descansar?

Al cabo de un rato, la vaca se hundió de repente en el suelo, incapaz de continuar. Harmonía estaba excitada. «¡Justo como dijo el oráculo! Debes construir aquí».

Cadmo la miró y preguntó con sarcasmo: «¿Construir qué?».

Harmonía se quedó pensativa un rato y luego dijo: «Sacrifiquemos la vaca a Atenea y veamos qué pasa». Inmediatamente se levantó un campamento.

Cadmo pidió a sus hombres que trajeran agua de un manantial cercano y sacrificó la vaca a la diosa. Nada más hacerlo, algunos de sus hombres volvieron corriendo y dijeron que una serpiente gigante que protegía el manantial había matado a dos de sus hombres.

Cadmo se levantó cansado y fue a ver de qué se trataba la serpiente. Tomó una gran roca y esperó. Cuando apareció la serpiente, le arrojó la roca y le aplastó el cráneo, matándola. En cuanto lo hizo, oyó una voz invisible que le maldecía por haber matado a la serpiente. Cadmo ignoró la maldición y regresó al campamento.

La diosa Atenea apareció ante ellos y dijo que estaba satisfecha con el sacrificio. Entonces aconsejó a Cadmo que siguiera sus instrucciones al pie de la letra, para que pudiera superar la maldición que pesaba sobre él por haber matado a la serpiente.

Cadmo accedió a cumplir sus órdenes.

Atenea dijo entonces a Cadmo que fabricara un arado y abriera surcos en la tierra con él. Una vez hecho esto, debía extraer los dientes de la serpiente y plantar cada diente en los surcos. Cadmo fabricó un arado e hizo los surcos, con sus hombres tirando del arado. Luego extrajo unos 500 dientes de la serpiente y los plantó en los surcos.

¡De la tierra empezaron a crecer hombres armados! Uno por cada diente enterrado. Cadmo se quedó perplejo.

Los hombres formaron entonces un grupo y empezaron a avanzar hacia Cadmo y sus hombres. Cadmo agarró una gran roca y la arrojó contra los hombres que avanzaban. Ésta alcanzó a uno de ellos y empezaron a luchar entre sí. Al cabo de un rato, sólo quedaban cinco de ellos. Cadmo consiguió convencerles para que se rindieran.

Entonces preguntó a los hombres si conocían el nombre del lugar donde se encontraban.

Uno de los guerreros sí lo sabía. «Es la llanura de Tebas».

Cadmo anunció entonces que construiría allí mismo una gran ciudad.

Harmonía, de pie y observando toda esta escena, sonrió para sus adentros. El oráculo había acertado de pleno, hasta el último detalle.

Así fue como se construyó la gran ciudad antigua de Tebas. El mito, sin embargo, no nos dice si Cadmo encontró a su hermana.

Frigia y el Nudo Gordiano

Esta historia no trata de un dios. Trata de un mortal corriente que se convirtió en rey.

Resulta fascinante leer cómo se convirtió en rey.

Un campesino pobre y ambicioso llamado Gordias vivía en un lugar llamado Macedonia. Trabajaba en los campos estériles y vivía con sencillez. No tenía mucho dinero.

Un día bajó volando un águila y se posó en el poste de su carreta de bueyes. El águila le miró con ojos severos y no se movió. Gordias, desconcertado al principio, lo tomó como una señal de que los dioses le sonreían. Pensó que estaba destinado a cosas mayores.

Quitó el arado de su carreta y decidió ir al oráculo de Zeus. Lo curioso fue que el águila se negó a moverse aunque Gordias condujera el carro por caminos pedregosos.

En su viaje, Gordias se encontró con una joven de gran belleza, quien resultó tener el don de la profecía. Gordias deseaba llevársela consigo, pero antes, la joven le advirtió que debía apresurarse para consultar al oráculo. Gordias accedió a llevarla con él, con la condición de que ella aceptara casarse con él. La joven asintió y aceptó la propuesta.

Mientras tanto, el rey de Frigia murió repentinamente sin dejar herederos, y el pueblo se preocupó por saber quién sería su nuevo monarca. Desesperados por una respuesta, se dirigieron al oráculo de Zeus. Este les dijo que debían coronar al primero que llegara a la ciudad en una carreta. Aliviados por tener una solución, el pueblo regresó a su ciudad y se apostó a las puertas, esperando a ver quién sería el afortunado que llegara en una carreta.

Mientras tanto, Gordias llegó a las puertas de Frigia. El pueblo vio que conducía una carreta e inmediatamente le pidieron que fuera rey. El águila había volado en el momento en que Gordias entró por las puertas.

Una vez coronado rey, Gordias empezó a gobernar, y gobernó muy bien. La carreta de bueyes en la que había llegado fue tratada como una reliquia sagrada por el pueblo. Colocaron un poste de madera y ataron a él el yugo de la carreta mediante un nudo muy complicado. El nudo había sido creado por Gordias y era tan complejo que nadie podía desenredarlo. Muchos guerreros y valientes lo intentaron, pero fracasaron. El nudo permaneció seguro. Se conoció como el Nudo Gordiano. Incluso hoy, cuando un problema es muy complicado y difícil de resolver, ¡se le llama Nudo Gordiano!

Esta historia también tiene un final interesante.

Este nudo permaneció sin ser desatado durante unos mil años, hasta que un gran guerrero macedonio llamado Alejandro llegó a Frigia. Cuando se enteró de la existencia de este nudo, fue a echarle un vistazo. Tras mirarlo, desenvainó su espada y de un tajo cortó el nudo. Más tarde se hizo famoso por sus muchas conquistas, ¡y se le conoce como Alejandro Magno!

Gordias nos lleva ahora a la siguiente historia, la del rey Midas, el cual era su hijo.

Midas

Gordias murió al cabo de unos años y Midas se convirtió en rey. Era un gobernante amable y gentil. Pero tenía una pasión: las rosas. Creó un magnífico jardín de rosas y pasaba allí la mayor parte del tiempo oliendo sus preciosas rosas. Siempre fue respetuoso, sobre todo con los ancianos.

Un día estaba paseando por su rosaleda cuando tropezó con un hombre viejo y feo que estaba durmiendo. Se disculpó e invitó al hombre a comer a su palacio. El anciano aceptó. Lo que

Midas no sabía era que el anciano era Sileno, un compañero íntimo del dios Dioniso.

Sileno permaneció en el palacio durante diez días y casi vació todo el vino y la comida de Midas. Al undécimo día dijo que quería marcharse. Midas se alegró. Aquel hombre se había acabado una enorme cantidad de su vino y su comida. Midas no era un rey rico, aunque deseaba tener más dinero para gastarlo en mejorar la vida de su pueblo.

Sileno pidió entonces a Midas que le acompañara a su casa. Midas accedió y, junto con algunos de sus guardias reales, acompañó a Sileno.

Tras unos días de viaje, llegaron al campamento del dios Dioniso. Midas, asombrado, vio que todos bebían y se divertían.

Sileno presentó a Midas a Dioniso, diciendo que Midas era muy buen anfitrión y que él, Sileno, se había bebido todo su vino.

Dioniso miró a Midas y le dijo: «Pareces un alma bondadosa. Gracias por tu hospitalidad hacia mi amigo Sileno».

Midas se limitó a murmurar y a asentir con la cabeza. Quería volver al palacio y a sus rosas. Pero Dioniso aún no había terminado.

«¡Pide lo que quieras y te concederé tu deseo!», dijo Dioniso.

«¿Lo que yo desee?», preguntó Midas. Su mente empezó a acelerarse.

«¡Cualquier cosa!», respondió Dioniso.

Midas no estaba seguro de si Dioniso bromeaba o no. Parecía un poco borracho.

Midas se quedó pensativo. Decidió que si tenía un poco más de dinero, podría gastarlo en cosas importantes para su reino. ¡Pediría riquezas!

«Quiero que todo lo que toque se convierta en oro. Ése es mi deseo», dijo.

Dioniso sonrió. «¿Estás seguro de que ése es tu deseo?».

Midas asintió enérgicamente con la cabeza. «Sí, mi Señor, ése es mi deseo».

«Concedido. Vuelve a casa y usa el vino para darte un baño. Luego duérmete. A la mañana siguiente, tu deseo se hará realidad», dijo Dioniso.

Midas volvió a casa feliz. Aún era un poco escéptico, pero decidió hacer lo que le habían dicho.

A la mañana siguiente, Midas se despertó como de costumbre y fue a la rosaleda para tocar y oler sus hermosas rosas, y se llevó el susto de su vida.

En cuanto Midas tocó el rosal y las rosas, ¡se transformaron en oro! No podía creer lo que veía. Continuó tocando otros rosales y obtenía el mismo resultado. Estaba eufórico; ahora tenía más riqueza que nadie en el mundo y podía crear más oro a voluntad. Comenzó a gritar de alegría. Su esposa, al escuchar los gritos, salió corriendo del palacio con su hija en brazos. Midas, desbordante de felicidad, la abrazó. ¡Pum! ¡Su esposa y su hija se convirtieron en estatuas de oro! Midas quedó atónito. ¿Qué había hecho?

Pero esto no era todo. Toda la comida que tocaba también se convertía en oro. Después de unos días, Midas estaba hambriento y desesperado. No sabía cómo deshacerse de este don maldito. Una noche, Dioniso se le apareció en sueños y le dijo:

164

«¡Hombre necio! ¡Ten cuidado con lo que deseas! Ve al río Pactolo y sumerge la mano en sus aguas. Tu don desaparecerá. También debes sumergir en el río todo lo que hayas convertido en oro, y todo volverá a su estado normal».

A la mañana siguiente, Midas siguió el consejo de Dioniso y fue al río. Sumergió todo lo que había tocado, incluidas su esposa e hija, y pronto todo volvió a su forma original. Midas suspiró aliviado y se dio cuenta de lo tonto que había sido.

Sin embargo, la historia de Midas no termina ahí. Después de su experiencia, Midas perdió todo interés en la riqueza y se convirtió en seguidor del dios Pan, quien siempre tocaba la flauta y disfrutaba de la vida. Midas apreciaba mucho a Pan.

Un día, mientras Pan tocaba la flauta, apareció el dios Apolo. Todos los presentes se quedaron en silencio. Apolo tocó su lira, llenando el aire con música divina. Todos aplaudieron y dijeron que Apolo era el mejor músico. Pero Midas no estuvo de acuerdo y afirmó:

«Pan es el mejor músico».

Apolo, incrédulo, pidió a Midas que repitiera su afirmación, y Midas lo hizo. Entonces, Apolo le dijo:

«Tienes orejas de asno».

Pocos segundos después, un par de orejas de asno comenzó a crecer en la cabeza de Midas. Todos vieron las orejas y se rieron a carcajadas. Midas, avergonzado, huyó, se puso un turbante para ocultar las orejas y regresó a casa.

Midas era consciente de su problema y siguió llevando el turbante para que nadie supiera lo de las orejas. Pero había una persona que debía saberlo, y era su barbero. Midas le juró silencio y le amenazó con destruirle a él y a su familia si alguna vez desvelaba el secreto. El barbero guardó silencio durante mucho tiempo, pero se moría de ganas de contárselo a alguien. Un día, incapaz de soportar por más tiempo la carga del secreto, fue y cavó un agujero en la tierra. Acercando la boca al agujero, gritó: «¡El rey tiene orejas de asno!». En cuanto dijo eso, tapó el agujero con tierra para que no se escapara el secreto. Pero en el agujero había caído una semilla. De la semilla creció un retoño, que atravesó la tierra y salió del suelo. Empezó a susurrar al viento: «El rey tiene orejas de asno». Pronto, otros árboles recogieron el susurro y el secreto llegó por fin a la ciudad. La gente empezó a reírse y a burlarse de Midas.

Esta historia nos deja dos lecciones importantes: primero, hay que tener cuidado con lo que se desea, y segundo, hay que tener cuidado con lo que se dice.

El Diluvio Universal

Todo el mundo conoce la historia del Diluvio Universal y el Arca de Noé, pero muchas culturas tienen relatos similares, incluida la mitología griega.

Para entenderlo mejor, empecemos con un poco de historia. Prometeo, un titán conocido por su astucia, se casó y tuvo un hijo llamado Deucalión. Prometeo sabía que Zeus buscaba una excusa para acabar con la humanidad, pues el dios seguía resentido con los mortales, que se multiplicaban cada día más. Consciente del peligro, Prometeo enseñó a su hijo todo lo necesario para sobrevivir en caso de que Zeus decidiera intervenir. Entre otras cosas, le enseñó el arte de la carpintería. Juntos construyeron una gran caja de madera y la llenaron de provisiones.

Por otro lado, Pandora y Epimeteo también tuvieron una hija, Pirra. Deucalión y Pirra se enamoraron y se casaron.

Un día, un rey llamado Licaón enfureció a Zeus, quien lo transformó en lobo. El hijo de Licaón, Níctimo, intentó gobernar, pero sus 49 hermanos arrasaron con todo e incendiaron la tierra. El caos reinaba en el mundo.

Zeus aprovechó la oportunidad para ejecutar su plan. Creó enormes nubes que descargaron una tormenta devastadora sobre la Tierra, ahogando a todos los seres humanos. La humanidad quedó aniquilada, excepto por Deucalión y Pirra, quienes se habían refugiado en la caja de madera construida por Deucalión, siguiendo el consejo de su padre. Flotaron en ella hasta que las aguas se calmaron y descubrieron que habían llegado al monte Parnaso. Sin embargo, el suelo estaba cubierto de lodo y barro, por lo que tuvieron que esperar unos días más para que se secara.

Sin embargo, se dieron cuenta de que eran demasiado viejos para traer niños y repoblar la Tierra, así que decidieron consultar al Oráculo de Delfos.

Como era habitual, el oráculo dio una respuesta críptica: debían cubrirse la cabeza y echarse sobre los hombros los huesos de sus madres.

Deucalión y Pirra se preguntaron cómo podrían encontrar los huesos de sus madres, ya que probablemente se habían ahogado en la inundación.

Pero Pirra resolvió el enigma. Tomó una piedra y la lanzó al vacío. Mientras rodaba, Pirra comprendió lo que el oráculo quería decir. Se volvió hacia Deucalión y explicó: «Piedras y rocas, eso es lo que debemos usar. La Madre Tierra es Gea, y también es nuestra madre. Todos venimos de ella».

Deucalión reconoció que Pirra tenía razón. Se cubrieron la cabeza y comenzaron a lanzar piedras por encima del hombro en todas direcciones. En los lugares donde caían las piedras, comenzaron a surgir jóvenes. Así, la Tierra se repobló.

Se dice que todos nosotros somos descendientes de esos niños y niñas.

CONCLUSIÓN

A estas alturas, ya habrás leído muchas de las fascinantes historias mitológicas que los griegos crearon. Algunas de estas historias tienen diferentes comienzos y finales, y esto se debe a la falta de certeza sobre quién las escribió originalmente. Diversos autores de la antigua Grecia ofrecieron sus propias versiones de los mitos, pero las historias más relevantes que presentamos aquí son, en su mayoría, las versiones más aceptadas.

Es importante saber que Hércules, el famoso héroe de fuerza sobrehumana, también es conocido como Heracles. Sin embargo, el nombre más popular es «Hércules».

Dado que la mitología griega es vasta y compleja, con numerosos dioses, diosas, héroes y mortales involucrados en una variedad de hazañas y conspiraciones, no es posible detallar todas las historias. Hay guerras, batallas, venganzas y muchas otras tramas, como ya has podido leer.

La historia de Hércules destaca por su valor y su capacidad para enfrentar cualquier tarea, por difícil que sea. Las aventuras de Perseo y Teseo, por otro lado, son muy emocionantes y llenas de desafíos. A pesar de los obstáculos que enfrentan, su coraje y astucia les permiten salir victoriosos.

De manera similar, la historia de Ícaro y Dédalo nos enseña la importancia de escuchar los buenos consejos, especialmente cuando provienen de personas más experimentadas. Como recordarás, Dédalo advirtió a Ícaro que no volara demasiado cerca del sol, pero Ícaro ignoró la advertencia, lo que resultó en la caída de sus alas y su trágica muerte.

La historia de Prometeo es particularmente conmovedora. Sabía que sería castigado por Zeus al robar el fuego y entregárselo a los mortales, pero sacrificó su propio bienestar por el bien de la humanidad. Aunque el castigo que recibió fue cruel y despiadado, su acto de altruismo fue desinteresado.

Los mitos griegos, al igual que todos los mitos, presentan una serie de personajes heroicos. A lo largo de estas historias, siempre se necesita de héroes para guiarnos y motivarnos. Los mitos griegos abarcan una enorme cantidad de relatos y aventuras, describiendo lugares fascinantes y las acciones de dioses y diosas que, a veces, se comportan de manera muy similar a los humanos. Quizás algún día tú también realices una hazaña heroica digna de convertirse en una historia.

REFERENCIAS

Adkins, A. W. H., & Richard, J. (2018). Greek mythology | gods, stories, & history. In *Encyclopædia Britannica*. https://www.britannica.com/topic/Greek-mythology

Cavendish, R. (1974). *Man, myth, & magic: An illustrated encyclopedia of the supernatural*. Marshall Cavendish.

Fry, S. (2019). *Mythos: The greek myths reimagined*. Chronicle Books.

Fry, S. (2020). *Heroes: The greek myths reimagined*. Chronicle Books.

Graves, R., & Guirand, F. (1968). *New Larousse encyclopedia of mythology*. Hamlyn.

Greek mythology. (2010). Greekmythology.com. https://www.greekmythology.com/ss

BONO GRATUITO DE HBA: LOTE DE LIBROS ELECTRÓNICOS

¡Saludos!

En primer lugar, gracias por leer nuestros libros.

Ahora, le invitamos a unirse a nuestra lista VIP. Como regalo de bienvenida, le ofrecemos gratis el lote de libros electrónicos de Historia y Mitología que aparece a continuación. Además, ¡podrá ser el primero en recibir nuevos libros y exclusivas! Recuerde que unirse es 100% gratuito.

Sólo tiene que escanear el código QR para unirse.

https://www.subscribepage.com/hba

Manténgase al día con nosotros en:

YouTube: History Brought Alive

Facebook: History Brought Alive

www.historybroughtalive.com

OTROS LIBROS DE
HISTORY BROUGHT ALIVE

Disponible ahora en Ebook, Rústica, Tapa dura y Audiolibro en todas las regiones.

Para niños:

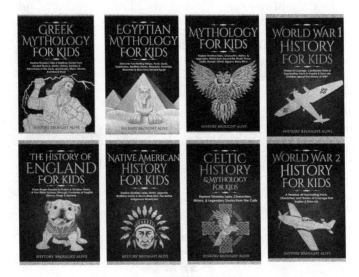

Otros libros:

MITOLOGÍA GRIEGA
PARA NIÑOS

Esperamos que hayas disfrutado de nuestro libro, «Mitología Griega para Niños». Nos encantaría conocer tu opinión, así que te agradeceríamos mucho si pudieras dejar una reseña honesta en el sitio donde compraste el libro

Tu feedback es invaluable para nosotros. Nos ayuda a crecer y a mejorar como equipo, y nos brinda una perspectiva sobre lo que estamos haciendo bien y lo que podemos mejorar. Además, como autores emergentes, las reseñas en plataformas como Amazon son cruciales para darnos a conocer y salir del anonimato.

Por favor, tómate unos minutos para compartir tu experiencia.

Un cordial saludo,
History Brought Alive
http://historybroughtalive.com

Printed in the USA
CPSIA information can be obtained
at www.ICGtesting.com
CBHW070944271024
16328CB00069B/627

9 798330 488117